AQUARIUS

AQUARIUS

AQUARIUS

AQUARIUS

一些人物，

一些視野，

一些觀點，

與一個全新的遠景！

宅爾摩斯的萬事屋

謝智博——著

【推薦序】

「感恩兄弟」：我感受到的博哥

文◎孫生（YouTuber 團體「反骨男孩」成員，尋找父親的委託人）

你們好，我是孫生！

對於博哥，我印象最深刻的就是「感恩兄弟」這句話，因為他總是掛在嘴邊。博哥很親切、很有禮貌，也是一個很斯文的人。但想不到辦起事情來，居然這麼有效率！

有他協助尋找我爸，在過程中，讓我覺得這件事不會沒有下文、不了了之。我很放心地交給博哥打理一切。

人在面對未知事物以及不確定性的時候，總是會感到恐懼跟害怕，但在博哥旁邊，好幾個當下都讓我覺得好安心。

一種溫暖且照顧的感覺，好像爸爸一樣。

一種來自真正的關心，而不是表面噓寒問暖。

這就是我感受到的博哥。

在這個斯文的外表之下，有一顆炙熱、堅定的心，這大概就是我最喜歡博哥的地方了！

【推薦序】

欲望像野獸，但他奮戰不懈

文◎陳函謙（作家．記者）

二〇〇九年初，剛進《壹週刊》半年、負責撰寫小人物故事的我，約到一個「做徵信社」的受訪者。我感到十分刺激，迫不及待想見到一個牛鬼蛇神，告訴我各種飛天遁地的神祕故事。

我們約在東區小店裡。現身的謝智博瘦削青澀，娃娃臉散發一股懷疑人生、內斂多思的文青氣味，像出社會不久的哲學系畢業生，與我想像中神通廣大、黑白兩道通吃、玩弄法律漏洞與人性矛盾於股掌間、無所不用其極地探知私隱、複雜又邪門的「做徵信社的」，相去甚遠。

採訪時，按例先聊成長背景、怎麼進這行。智博自述，父母在他七歲時離異、各自嫁娶生育，他由爺爺奶奶養育成人；東海大學政治系讀不到兩年，因不願增加奶奶的負擔而休學，從工地、送貨、飯店櫃檯、發傳單，後來落腳中原大學夜市賣雞排。

一日，攤車被偷走，他無計可施，看報應徵了新工作：徵信社調查員。

彼時，智博才二十一歲，除了工作、談戀愛，都窩在家裡打電動、看漫畫、看電影、看書。一腳踩進這個龍蛇混雜、遊走法律邊緣、充滿利益衝突和人性黑暗的世界，他有初生之犢不畏虎的叢林生存膽識，為達成任務不畏艱難，日以繼夜跟蹤、潛入民宅裝竊錄設備、設局接近客戶指定的對象、破門而入捉姦……戰功輝煌，但問題來了，他討厭捉姦。渴望有個家，卻一直製造破碎家庭，讓他感覺自己醜惡不堪。他告訴我：「很多徵信社會慫恿客戶，說捉完姦就有籌碼，可以談監護權、賠償、離婚，其實不是這樣。捉姦之後撕破臉，要面對訴訟和新的生活，壓力很大。小孩被灌輸仇恨，夾在大人中間最可憐。能不捉姦就盡量不要。」

勸客戶不要捉姦、為了小孩再磨合看看的徵信社，要靠什麼維生？我不輕信他人的記者職業病發作，疑心這是不是以退為進的行銷話術，我該如何衡量這個理念和善意？

智博不知我的小人之心，他苦惱的是：「我會想知道我做的事情是對，還是錯？這麼做到底有什麼意義？」

什麼是對、什麼是錯？委託人未必是好人，外遇的那方也未必都是壞人。在感情、

權力與利益的迷障中，是非判斷的標準是什麼？徵信社拿錢辦事，又如何能主持公義、替天行道？

每一次任務，都不可避免地介入他人之痛苦，為從中牟利，甚至激化衝突。一幕幕充滿傷害性的場景，逐漸變成家常便飯：被破門時，驚慌失措、咆哮互毆的怨偶和第三者；丈夫外遇又被徵信社趁火打劫恐嚇索財，沮喪到燒炭自殺的少婦；目睹各種不堪、驚嚇大哭，還被父母當成情緒勒索工具或搖錢樹的小孩……

在人間地獄中打滾，多數從業人員對人性毫無信任，自己也缺乏人性，利用委託人的仇恨情緒和心理弱點，不擇手段地賺錢。

入行半年餘，他無法說服自己像同業一樣不要想那麼多，也看不慣主管和同事以乘人之危的方式斂財，決心離職。

他租了間小辦公室，買一台電腦，花兩、三萬元做了一個網站，找兩個同業支援，開始了創業之路。自己接案的自由度高，他喜歡接一些感情挽回和尋人案，但還是捉姦的利潤最好。他說：「有些錢狠不下心去賺。最近在考慮是不是收手，回學校念書算了……還是或許再做一陣子……？」

採訪結束，我對著數小時的錄音與逐字稿，跟智博一樣對著他的人生陷入長長的掙扎和迷惘。一則稿子規定的字數是六百來字，這個故事的重點到底該是什麼？

我勉強交稿，大標是：「欲望像野獸」。

十幾年過去了，智博沒有離開這行。開車行駛高速公路時，我看到他舉著相機、英姿煥發的形象照，出現在大型T字看板上（喔喔，這小夥子生意愈做愈好了）。他的「徵信社阿宅」部落格累積了數百篇文章，談徵信工作牽涉的各種話題，亦載明服務內容與價格區間（他說過希望讓徵信業透明化，真的不是說說而已）。

有時，他為人免費尋親的善舉上了媒體（懂得回饋社會又擅長行銷，真有一套）。夜深人靜，臉書上他偶爾貼出地獄遊記般的奇異委託故事，我便按一個讚（文筆確實不錯，該出書才對）。

二〇二一年夏天，為拍攝小人物故事紀錄片，我想起智博，便去約了採訪。

進了他的辦公室，他趕緊起身打開冷氣給我們吹。原來他為了節制欲望和以身作則，夏天就算滿頭大汗也只開電扇。從小博、阿博升格為博哥、博董了，他身上沒有一件奢侈品，還經常睡在公司裡，在深夜無人使用的大樓公用廁所，沐浴盥洗。

歷經人生起落，看盡人性醜惡與爭鬥，自己也浮沉其間，智博的娃娃臉不免顯出滄桑和疲倦。「每一件事情都是旁門左道。就算目的是好的，過程也都不是純然的正派，更

何況我也無法確保結果一定是好的。」

年近不惑，他仍像哲學系畢業生一樣充滿疑惑，思考為何而活：「很難去定義我的人生價值在哪裡。我希望自己是一個可以幫人圓夢的專家。」

在收支穩定的情況下，他有餘裕多接一些不追求利潤的助人案件，帶著員工去育幼院做公益。

他並勸客戶：「除非一刻都不想再跟對方有瓜葛，否則能不捉姦就不要捉姦。」並非是為了扮演好人，或為自己辯解以「洗白」形象，不過是為了心安罷了（同樣的說法十幾年沒變，這回我信了）。

外人看他事業成功，他則把交棒、退休掛在嘴邊。然而五十多個員工的生計扛在肩上，他讓自己懷抱著「樹立業界典範，扭轉徵信業的負面形象」的古典信念，繼續拚搏。

接下來，他想存錢把被爸爸為償債賣掉的奶奶故居買回來，並寫下更多的故事，讓稚齡兒女知道：「爸爸是一個很厲害、可以依靠的人，是一個有很多故事的人。」

這本新書，收錄了智博十數年的從業見聞，也寫下了他在人性試煉場上，對婚姻、人性、信任、背叛、傷害等人生命題的反覆檢視與思考。

不論讀者是否需要徵信社的協助，都值得一讀。

【推薦序】

徵信業「千年暗室」，靠他「一燈即明」

文◎黃揚明（資深媒體人）

我在進入新聞圈之前，就和初入徵信業不久的智博認識，至今已超過十六年。猶記那是PTT「桃園版」的版聚，智博的穿著打扮就像個業務員。當他自我介紹說自己在徵信社工作時，很快地就成為全場焦點，畢竟這個猶如「偵探」般的行業對一般人而言實在太難接近、太特別。在這場聚會中，我就聽他說了書中「雞排攤」的故事，比各位讀者早了十六年搶先得知，或許這也是他邀我寫推薦序的原因之一。

二〇〇七年，我進入新聞圈的那年，智博也獨立創業，累積力量，實現他追求的正義。

二〇〇九年，我的弟弟因債務問題燒炭自殺。為了了解弟弟生前曾和哪些人聯絡，我

向智博請教如何調取弟弟的手機通聯紀錄。經歷過這麼多社會事的他，給了我一帖錦囊妙計。我依樣畫葫蘆，便順利以弟弟的身分調閱通聯紀錄。不久後到門市退門號，服務員看到死亡證明書上弟弟的死亡日期，訝異地說：「他怎麼過世了還向我們申請調閱通聯紀錄？」我也只是笑而不答。

某種程度上，我也算是親身體驗過他「宅爾摩斯的萬事屋」服務的客戶之一。

二〇一〇年，我進入《蘋果日報》服務。當時，報社希望各路線記者都能採訪特別的人物，我的腦海立刻浮現了「台灣最年輕的徵信社老闆謝智博」這個頭銜，在該年九月六日的《蘋果日報》，刊出標題為「抓猴拚業績 下海假戲真做」這篇以第一人稱方式寫作的採訪報導。

報導中的部分故事，也更詳細地收錄在這本書中，我又比各位讀者更早聞香了。節錄當年報導中的一段文字：「曾有前輩說：『徵信業就像馬桶，客戶急的時候需要你、求你，用完就嫌你臭。』自己開業後，客戶哭窮，我就心軟，甚至賠錢接案，但客戶永遠覺得我賺很大，結案就翻臉不認人，我才知道前輩說的沒錯，讓我對人性疑神疑鬼。」

就這樣，十二年後，智博在這如「馬桶」般的徵信業，堅持他的良心、力求價格透明化，成為網路上口碑最佳的徵信業者，不再只是那個「台灣最年輕的徵信社老闆」，更邁向「台灣最成功的徵信社老闆」。

一般人若非遇到家庭瀕臨破裂、親人長期分離、生活陷入困境等難題，很少會找上徵信社；傳統徵信社更是常常透過各種話術誆騙客戶。

曾聽聞一位好友訴說，他面臨另一半外遇時，家人幫忙找坊間徵信社蒐證，沒想到跟監了兩個禮拜就花八萬元，而且什麼也沒拍到；徵信社人員說得再花十多萬元在渣男車上裝ＧＰＳ，才能更精準地掌握行蹤，幸好好友的家人沒上當，省下不少冤枉錢。最後，好友還是靠自己找到外遇的關鍵證據才破案，深感黑心徵信社就像是詐騙集團一般，根本無路用。

這類故事，在這本書中俯拾皆是。智博把將近二十年的業界經驗，毫無保留地分享出來。他能在這行迅速崛起，靠的就是正派經營、盡量公開而透明，猶如佛家所言：「千年暗室，一燈即明」。

這本書是人性黑暗集錦、徵信生態百科。未來若有影視團隊改編成職人偶像劇，也不令人意外。

智博在江湖上以仗義聞名，只能用一句話當結語：「仗義每多屠狗輩，負心多是讀書人。」

【推薦序】

意義更重大的一件事

文◎雷丘律師（「雷丘律師就決定是你了」粉專版主）

和智博結緣，是從上他公司的節目開始。

理論上，律師——尤其是像我這樣以家事為主要業務的律師，和徵信社的關係好像應該很密切。但是其實我在執業期間，並沒有和徵信業者直接配合過。

其原因是：第一，因為徵信社負責的是證據的蒐集，大多數當事人都會先蒐集到一定的證據才會找律師，所以等案件到了律師手上，徵信社的工作已經結束。第二，徵信社和律師一樣是賣信任，當事人往往有他自己信任的徵信社，反而不會透過剛認識的律師去介紹徵信社。

因此，反而我一直和徵信社維持著若即若離的關係。

我和智博是臉書網友，基本上就是有時留言閒聊，他會去看看我粉專的廢文和梗圖。所以他邀請我上他的節目時，一開始我還滿訝異的，因為其實我們並沒有什麼專業的、業務上的交流。

但是上了他的節目之後，發現他對法律下過一番相當的功夫去研究，而且心思縝密，邏輯清晰，和我想像中對徵信工作者的印象大相逕庭。而這件事對我而言是大大加分的事項。

我們在企業中常常會提到一個觀念：「溝通成本」，意思就是在一個工作團隊裡，要讓所有人朝向共同的目標前進，這當中花費在成員彼此溝通的時間、金錢、精力等成本，往往並不小於實際執行業務的成本。反過來說，如果能夠降低過程中的溝通成本，往往就能夠降低整體成本。

因此，團隊中的每個人光是各司其職地把分內工作做好是絕對不夠的。反而每個人都應該對其他不同功能的成員的工作內容，要有一定程度的了解，甚至最好建立起一定的溝通模式，這些都是有效降低溝通成本的方法。

我不敢確定智博是否知道這些理論才開始做這樣的努力。但是我可以肯定自己以律師的角度，和他的溝通過程是舒服、暢快的。而且他對法律與律師工作的了解程度，也有

助於降低溝通成本。

我想他的本業在這幾年漸入佳境，和這些努力都脫不了關係。

回頭來說說這本新書：《宅爾摩斯的萬事屋》，我認為也可以從這個角度去解構。前面說過，在家事案件（例如婚外情這類事件）中，徵信社和律師的共同處，都是必須和當事人建立起一定的信任關係，因為唯有如此，當事人才可能在我們的面前，展露他們最不堪、最不為人知，同時也是最脆弱的一面。不管你是富商大賈、富豪新貴或市井小民、販夫走卒，都免不了這個過程。

在這樣的結構之下，其實徵信社、律師和當事人，更像是一個專案小組，各司其職，一樣有前面提到的溝通成本的問題。

意即，不管是可能要面對這樣的家事事件的當事人，或是常常辦理這類家事事件的律師，在研讀過這本書後，都能對徵信社的工作有更深一層的認識。我認為絕對有助於「專案」進行過程中，溝通成本的降低。

這是我認為智博除了面向社會大眾，揭開徵信社的神祕面紗之外，所做的另一件意義重大的事情。

最後我想花一點篇幅介紹一下這本書的內容。這本書的體例是我——可能也是大部分法律工作者最喜歡的「案例式」寫作。說真的，世界上應該沒有人不喜歡聽故事的吧！但是智博的書又並非像一般學術書籍，而是用輕鬆的口吻，依照時間序，敘述每個案例的來龍去脈，讓人有如閱讀小說般的行雲流水。如果你也喜歡聽故事，但是又覺得純粹的偵探故事有一點搔不到你的癢處，那這本書的案例故事加上智博的旁徵博引，肯定會讓你如沐春風。

我雖然叫雷丘律師，但是在這邊就不爆雷任何書中的案例了。如果你真的認為這本書對你有幫助，也能感受到智博對這本書素材的取得和寫作的用心，我還是在此邀請你親自來體會書中的文字，一窺台灣偵探的生活堂奧吧！

【自序】

我凝視深淵，深淵也凝視著我

我是一個徹頭徹尾的阿宅。大部分的人看到我，都說我和他們對於傳統徵信業者的刻板印象有巨大落差。老實說，我不太能確切明白普羅大眾所想像的「徵信業者」是什麼模樣，但總之應該不是我這樣的阿宅。

大部分時候，我喜歡宅在家看書、追動漫、打電動。很多人告訴我，做這個行業要多與司法機關的人應酬、交朋友，但我聽到「應酬」就會皺眉頭；如果人生不喜歡的事情有排名，應酬這兩個字大概可以排前三名。我也不太會做人，不喜歡的事情就會寫在臉上，對於不喜歡的人則一律採「避之則吉」的態度。而徵信社是一個需要和各式各樣的人打交道的行業，也難怪很多人覺得我與這個行業格格不入。

然而實際執行委託案件的時候，我可以投入在任何角色上。可以飾演應徵者，潛入一家公司，看他們原物料的進貨數量；可以扮演一個追求者，想方設法把目標追到手；可以喬裝成臨時工，潛入施工場所，蒐證該施工工地沒有照圖施工的部分……我願意為工作扮演任何角色。

我很訝異工作時的自己，竟可以做許許多多原本自己不想做的事情；但同時也有一小部分的「自己」，興味盎然地以第三人稱視角觀察工作時的我。我為能在工作領域上充分發揮，感到滿足與幸福。

有幸福的部分，自然也有痛苦的另一面。

從事徵信社的痛苦有很多來源。許多人聽過我從事這個行業所抱持的負面觀感、案件執行成果不如預期的失落感、客戶將情緒宣洩在我們身上時的壓力、對方當事人用各種手段企圖報復我們時的敵意，更多是希望同仁能持志不墮而不可得時的巨大無力感。

從事這個行業很容易走偏，同時也會看到許許多多負面的事情。尼采曾說：「與怪物戰鬥的人，應當小心自己不要成為怪物。當你凝視深淵，深淵也凝視著你。」我一直告訴自己不能忘記創業的初衷，也不停警惕自己不能走偏。我想我並沒有在工作的領域上走偏。但如果有一面鏡子可以照出真實的自己，鏡中的我一定是一頭醜陋的怪物。

從剛入行那時寫部落格以來，少部分同行的老闆、前輩，都視我如寇讎，欲除之而後快（不誇張）。

許多次的聚會上、或是電話中，同行會告訴我說：「都是因為你寫了徵信社的故事，讓我們生意做不下去。」「這個行業就是要不透明，透明了就無法跟客戶收錢了！」也不只一次有同行打電話來威脅我把文章下架，不然就要我「騎驢看唱本」。對部分同行來說，這個行業愈神祕，與客戶之間的資訊愈不對等，愈能向客戶用各種方式收錢。所幸現在媳婦熬成婆，自己的徵信社已經相對穩定，比較不會被同行找麻煩了。

對我來說，會持續堅持寫這些故事與案例，有兩個原因。

第一個原因是想讓這個行業透明化，讓真正兢兢業業從事這份工作的人，可以用不同樣態呈現在大家面前。

在很多人心中，「徵信社」三個字其上有許許多多的負面標籤：黑道、拿錢不辦事、恐嚇、兩面洗、敲詐……這一道道的負面標籤，讓許多真正有需要的當事人視找徵信社如畏途，更令許多心裡真正想以「調查真相、解決疑難」為職志的年輕人望而卻步。

於是我想寫，我要寫。寫出徵信社的更多面向，寫出徵信社的手法。寫這些並非要說自己好（即使已經從業十六年，我還是有很多需要學習與改進的地方，我也可能會做錯事情），而是讓想尋求徵信業協助的客戶有個可以參考的標的，同時也讓有志從事這個行業的人有更多的認識。唯有這樣，這個行業才能有更多進步與展望。

而許多在這個行業兢兢業業、戮力以赴的人不只我們，還有許多優秀的同行從業人員。我相信隨著徵信業能重新被定義，這些優秀的同行，才能真正被看見。

第二個原因是，我想要說故事。

從二〇〇六年入行迄今，悠悠十六年時光，「徵信社」、「偵探」這份職業，對我的意義已不啻是謀生方式，更讓我成了一個蒐集故事的行者，將一件又一件故事撿拾進記憶的麻袋裡。

好重，重到我快走不動了。

無數個夜裡，那些在麻袋裡的故事蠢動欲出，輪番地在腦海裡搬演，要我為它們做些什麼；遂起心動念，提筆為文，試圖將它們譜寫成故事。

在接受委託的同時，我的建議、做法、辦案方式與結果也都大大地影響了委託者的人生發展；另一方面，他們也成了我生命裡的一部分。譜寫的過程中，那些案例就在記憶中鮮明了起來。

我自知不敏，以文字搏塑它們成形的過程，又往往無法確實地描摹出彼時它們最真切的模樣。有時更會陷入交戰：這能寫嗎？該寫嗎？為了保護當事人，這些故事其實有滿大程度的更易，但當下的心境與感受，還有對當事人的描摹，則希望盡可能地貼近真實。

每當我卸下一篇故事，心頭就舒了一口氣。有時我會分不清是我想卸下這些故事，還是這些故事想要鑽出記憶的麻袋。

而若將寫作與產出文章比擬為懷胎生子，那麼這些故事的產出大多是一次又一次的難產。

這些故事最終能成書，我想都多虧了厲害的產婆——我的編輯丁姐。我想我是一個讓編輯很不開心的作者，常常說好要交稿的時間，最後寫了寫，又硬生生地把故事塞回去麻袋裡搖一搖、攪一攪……總覺得自己手中的禿筆沒有生花的本事，更希望能盡可能揣寫出故事「本身」想呈現出的模樣。

丁姐則會告訴我，把故事生出來吧，不管生出來後是什麼模樣。這令處女座的我陷入無數次的天人交戰，甚至不停地有想舉雙手投降的念頭湧升出來。但丁姐總是那樣的溫柔又堅定且有耐心，因此我才能完成這本書。

相較於我，我暗想，丁姐其實很適合從事徵信工作啊。

寫作的過程裡，彷彿與故事裡的客戶、夥伴、對造再一次地相遇。有些現實中都還是朋友，有些則已經杳無音訊，有些已經不在這個世界上了。

在寫的過程中，也不停會想：如果時序倒回當時那個時刻，我能不能有更好的做法與解方？又或者現在的我，是否還會接下這個案件？又或者想知道那些已經不在這個世界的他們，若看到現在的我，會說什麼？

想把這本書交給奶奶、阿錦和怪頭，想跟在天上的你們說，每一篇故事裡面，都有你們的身影。

我會繼續多蒐羅故事，等到去找你們的那天，可以說給你們聽。

而在那之前，我會繼續在這條路上前進，並為更多想要從事這個行業的年輕夥伴，把路，鋪得平一點。

目錄

一、徵信這一行

徵信社就像動漫《銀魂》中的「萬事屋」：
當你遇到無法處理、找不到方法或不願親自處理的事情時，
你交錢，我們辦事；什麼都做，也什麼都能做。
我們替你解決問題，讓你安心，同時賺得相應的報酬。

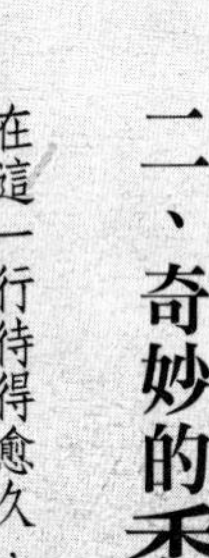

二、奇妙的委託

在這一行待得愈久，「價值觀」的偏差是最大的隱患。

《宅爾摩斯的萬事屋》

目錄

各式各樣的誘惑會不停衝擊自己原則的框架，時刻考驗我們的定力。
在沒有絕對的對與錯的混沌世界裡，何謂「正確」的事？
又應該如何堅持做「對」的事？

三、療癒的拼圖

有些案件，像某種「治癒」的良藥，
委託人猶如我心中一塊塊失散的拼圖，
在幫助他們的同時，不知不覺地治癒我自己。
也讓我更相信世界上還有些單純的美好、單純的愛，
值得我們在紛亂的世道裡，繼續抱存著選擇善良的勇氣。

四、真相的研究

在許多同行眼中，我是個徹頭徹尾的笨蛋。
但我覺得我賺錢賺得心安理得，也睡得安穩。
若能由此開始起什麼改變也好，
至少我希望，這個行業不只是發揮完功能就被嫌髒、嫌臭的馬桶而已。
我想，這就是我要的。

一、徵信這一行

徵信社就像動漫《銀魂》中的「萬事屋」：
當你遇到無法處理、找不到方法或不願親自處理的事情時，
你交錢，我們辦事；什麼都做，也什麼都能做。
我們替你解決問題，讓你安心，同時賺得相應的報酬。

職業病

「報應」，是我認為從事這一行，最恐怖的職業傷害。

兒子五歲的時候，我問他長大以後想從事什麼工作，他雙頰綻出酒窩，笑著說：「我想當徵信社的老闆！」

對一名父親兼創業者而言，這句話既醉人又甜蜜。然而，埋在心底的擔憂旋即湧上，幾乎令我脫口而出：「拜託不要！」

為什麼？

因為這個行業伴隨著大量的「職業病」與「副作用」，往往會銘鐫在一個人的行為與思想之中，難以擺脫。

一、難以消化的負能量

如果打開我或我們任何一位業務的手機的通訊軟體，只要瞥一眼，你靈魂深處彷彿都能聽到來自手機的「鬼哭神號」。大部分客戶都是遇到背叛、欺詐、傷害，而來尋求我們的協助，他們的怨念大量地附著在傳給我們的字字句句與每一次的通話裡。所以有許多剛入行的同仁常常是出門見客戶之後，像小白兔般紅著眼眶回公司。

要理解客戶的狀況，我們勢必得將心比心，想像客戶的心境，很難自外。所以不管最後是否有委託，但是隨著每一段陪伴客戶的過程而來的負面能量，如果沒有一套排解、宣洩的方式，很容易陷溺日深，最後心態也跟著愈來愈負面。

二、日益增幅的疑心病

許多朋友聽我分享遇到的故事後，忍不住驚呼：「真的比鄉土劇的劇情還扯！」是啊，大部分的人一輩子鮮會遇到的事情，對我們來說卻像家常便飯一般。我曾默默統計，以我們公司而言，不算其他的服務項目，單是外遇案件的委託諮詢，平均一

天約十件、一個月三百件、一年三千六百件……

每個外遇案件背後的故事都像官兵捉強盜一樣，鬥智、鬥勇，還拚演技，永遠都有推陳出新的偷情手法，永遠都有看似鑽石、實則如雞蛋般脆弱的層層承諾，永遠都有踐踏別人的真心與付出的負心人。看得多了，也常常會想，下一個當事人會不會是自己……

此外，我們在開車的時候，常常會下意識地試圖記住周遭的車牌、車款與車色。進入餐廳時，自然會盡量挑選可以看到所有狀況的位置入座。周遭一有特別的動靜，就會反射性地提高警覺。而這些都不是讓我們的生活過得舒適的習慣。

三、社會大眾的刻板印象與負面觀感

大部分的徵信調查不是攤在陽光下的，加上許多惡質同行的惡劣行徑，形成一種「共業」貼在徵信業者身上。

不只一次了，遇到老一輩的人一聽是徵信社就說：「你們在做什麼，我都知道啦！你們就是透過那些手法賺錢啊！」反駁嗎？我寧可省下力氣，只能笑笑地回應。

新認識一群朋友的時候，有些人對我們很感興趣地問東問西，也有人立即投來不友善的眼光，那裡面透著質疑、不信任、鄙視……比之宣諸於口，這些刺骨侵肌的眼神，至今我還是很難適應。

四、信息過載

要辦好一件案子，除了要確實地了解客戶所提供的訊息外，更要篩羅其中有用、無用或可能有謬誤的資訊。

另一方面，還要穩住客戶的情緒，並回應客戶各種真切想要知道或天馬行空的問題，更得時時刻刻將案件妥切地安排、擬定有助於達到客戶目的的計畫與執行步驟。擬定好計畫後，必須按部就班地進行，並排除各種突發狀況，隨時應變。

就像圍棋的棋局一般，沒有任何委託案是雷同的，每一個案件都必須「客製」。這些大量資訊都會二十四小時地像土石流一樣，侵襲腦中可以用來思考的每個角落，而往往造成所謂的「信息過載」（Infomation overload）。

所以當我一個人在公司或是家中的時候，如果有個監視器螢幕，應該會看到我像是石化般，僵在電腦前或是癱在沙發上。這時候的我在扮演自己的「清道夫」，試圖將紛亂如麻的思緒歸類或傾倒。但處在這樣的情況時，我的家庭與社交功能是「負」的，動輒如緊繃的弦般容易應聲而斷。

五、惡習

在三、四十年前，這個行業很容易賺錢，但真的有存到錢的人極少。為什麼？就因為在這一行很容易染上「惡習」。

對許多從事這個行業的人而言，錢來得快，加上周遭的環境裡，很多人有吃、喝、嫖、賭、毒的習慣。近墨者黑，沾染上惡習而墮落的速度，永遠比努力進取的速度快。

又，在這一行也很難有高超的道德標準，更容易吸引或接觸到一些不好的觀念，若一個把持不住，走偏是很常見的事情。尤其是賭和女人，常常讓人非但賺到的沒守住，還倒賠一屁股債。

六、報應

地獄的第三層「鐵樹地獄」就是給讓家庭、夫妻失和的人去的。

我沒有打算上天堂，我也很努力地勸和不勸離，然而我還是不停地見證著一個個家庭的破碎，甚至在其中扮演催化劑的角色。

在我們這個業界，自殺、得奇怪的病、負債、跑路的人比比皆是。從事這一行的人很少有平安退休而善終的。我們當然可以很理性地剖析背後的原因，然而即使身為基督徒，我還是感覺到這些「報應」的可怖。

這也是我認為從事這一行，最恐怖的職業病。

蘇軾有首〈洗兒詩〉：「惟願孩兒愚且魯，無災無難到公卿。」

即使我熱愛徵信工作，但如果有一天，孩子再次對我表達想從事這個行業的念想，我會很嚴正地告訴他：「別想了，我不會讓你從事這一行的。」

命中注定吃這行飯

原以為能一輩子賣雞排，結果攤子被偷！
為了找回攤車，激發我的福爾摩斯魂……

十個徵信社成員中，有九個會說自己是看《福爾摩斯》長大，我也不例外。

但是在實際接觸這個行業之前，我對「徵信社」的工作完全沒有概念，會踏入這一行是一個偶然的契機。

離開大學後，我在一所大學附近擺攤賣雞排，生意很不錯。原以為這輩子都會當雞排攤老闆，沒想到某天，我的攤車不翼而飛！

看著原本擺攤車的地方變得空盪盪，我報了警，但警方的處理不是很積極，要求我必須自己找到攤車小偷的影像與車號。

我只好自己去找附近的店家、里辦公室等處，想辦法調閱監視器的畫面，可是處處碰壁；終於看到了監視影像，卻不夠清楚，只看到有人把攤車搬上一輛貨車後，車開走了，辨識不出嫌犯的樣貌與車牌。最後，還是沒能找回攤車。

不過這次的失竊經驗讓我開始思索：遇到損失，至少我可以自己想辦法搜查，也有能力再找工作，但弱勢民眾或年紀大的長輩若遇到同樣的事，可能沒有辦法處理。如果有一種民間力量能幫助這些人，那有多好？

「幫忙無助的人」這個念頭，在我的心中扎了根。

丟掉攤車的打擊沒有讓我沮喪太久。轉念一想，還年輕啊，就換個工作做做看吧！從小就愛看《福爾摩斯》、《亞森羅蘋》等偵探故事的我，對這個職務有各種天真的想像。這時，剛好看到徵信社在徵「調查員」（也就是一般想像中的私家偵探）。

面試那天，是我第一次踏進徵信社：此起彼落的電話聲，穿著正裝的男女職員，還有一些穿便服的人拿著攝影機和器材……我在心裡吶喊：「這就是我要的工作啊！」

然而，真正踏入這一行之後，才發現現實與想像的差距大概有馬里亞納海溝那麼深。

我是從調查員做起。原以為會有專業訓練，但實際上，公司不想讓員工知道太多事情，因為懂得不多才不會搞鬼，也才容易掌控。

雖然我不是業務，但是很想為公司宣傳、增加業務量，便自費印名片，到各個陌生的婚宴場合發放。婚宴招待見我發名片，原以為我是親友或某個政治人物的助理，笑臉迎接；一看是徵信社的名片，面色鐵青地請我出去還算好，更常有人當眾大罵、說我觸霉頭。我總是笑著賠不是，轉身就溜到隔壁的婚宴廳，繼續發。

擔任調查員，一開始的工作其實像跑腿小弟，大多是尾隨跟蹤、拍攝這類的任務，不過我相當樂在其中。只是，當遇到問題或是自己想多學習而請教主管，常得不到正面回應。他心情好時會說：「以後你就知道了。」若心情不好，他會怒斥：「你沒事問這麼多幹麼？聽話做事就好了！」

沒有人教你怎麼把案件辦好，想要做好調查員的工作，大多只能靠想像和一再碰壁，從錯中學，或是從戲劇、小說去學習怎麼當偵探。一段時間下來，這種毫無系統的學習竟也讓我悟出一些心得。

努力了一陣子，公司看我積極，便讓我擔任業務經理。在此要向各位解釋一下：在徵信社，每個業務都是「經理」！所以別以為經理很大，其實這是徵信社基層的代稱。經理再上去還有組長、副總、總經理……但是對當時才二十出頭的我來說，「經理」頭銜便足已讓我走路有風。

然而，「業務經理」的工作讓我遇到兩個瓶頸：一是「財務」，二是「學習」。

我幫公司做到了好業績，但事實上，個人收入卻不高。徵信業是一個「人治」的產業，主管會以各種名目剋扣薪資，如案件辦事費、應酬公關費、行銷費、聚餐費等，東折西扣下來，每個月的收入很難因應生活開銷。印象最深刻的一次，我做了七十幾萬的業績，原以為可以請女友吃一頓大餐，可是最後領到的錢竟然只有八千元！

公司除了不大樂意提供專業訓練，以免不好掌控，也不喜歡太有主見的員工。像我這種愛提問的，更容易被討厭。但是徵信社這行會碰到的問題千奇百怪，每個案件幾乎都是「特例」，不問不行，然而愈問，挫折感只會愈重，因為你永遠也得不到答案。

最後是一件案子激得我決意離職，自行創業。

我被指派進行跟監，要跟拍一名男子和疑似婚外情對象的互動情況。我跟著目標車

輛從桃園到竹北，一整天下來拍到很多親密畫面。主管稱讚拍得很好，要我隔天一起去見委託人。

隔天，我充滿期待地與主管到委託人的娘家拜訪。委託人是名年輕少婦，抱著她約莫六個月大的寶寶坐在沙發較遠的一端，安靜不語。我所調查的對象就是她的丈夫。她的父親也在場，仔細聽著我的主管陳述。主管說我們已拍攝到外遇的證據，接下來就該捉姦了。老父親覺得很困惑，問：「不是前天才剛簽約，說要做兩週的行蹤調查嗎？怎麼馬上就要捉姦？」

有些徵信社在最初與委託人對談時，會故意先問：「若拍到證據，要不要捉姦？」當事人可能當下順著情緒回應：「當然要捉啊！」然而，這便不小心掉進陷阱。主管就是抓住客戶先前說過的這句話，強硬要求得委託我們進行第二階段任務：捉姦。

聽到接下來要捉姦，父親詢問所需費用。「三十五萬。」我的主管一口便說。

老父親一時說不出話來，很客氣地問：「是不是……可以先完成兩週的行蹤調查？」主管一聽，瞬間像換了張臉，露出流氓嘴臉，拍著桌子並大聲咆哮。

巨大的聲響驚嚇得寶寶嚎啕大哭，少婦輕晃著孩子安撫，表情木然，仍然不發一語。

當天是不歡而散。回程路上，我忍不住問主管是否至少做完兩週調查。他笑著回我：「不用了。他們不是沒錢，只是裝窮啦！」

年輕時，我還無法參透這句話的意涵。後來聽多了，知道這是「老徵信」最常掛在嘴邊的話。這句話像塊黑布，讓人把自己的良心層層遮起來，藉此消除為了賺錢而恐嚇、欺瞞委託人時的罪惡感。

時隔半個月，我再問起主管案件後續，卻僅得到輕描淡寫的回應：

「委託人當天晚上就自殺了，不知死了沒。」

我愣在現場，無法動彈，腦海裡滿是那名少婦與她懷中的寶寶。

初生之犢不畏虎，隔天，我就決定出來創業。我想要打造一家令委託人安心、可以替無助的人伸出援手的徵信社。當然，我不是吃空氣就能活，也是因為覺得這個行業可以賺錢，不過是要正正當當地賺錢。

一路走來磕磕碰碰，但感謝在路上遇到的人、事、物，也由衷感謝那位「激勵」了我的主管。若不是他，我不會毅然決定出來創業。

我很幸運，能找到自己的命定。

我遇過的奇葩委託人

「救救我，ＦＢＩ和忍者要追殺我！」許先生緊張地說。

從事徵信業十六年，每天與人打交道，悲歡離合、可歌可泣又或是灑狗血的故事不時在眼前上演。我像是看著一場場電影，超越環繞音效和立體設備，真槍實彈地身歷其境，感受每個角色的喜、怒、哀、樂……散場之後，雖然抽離了情緒，仍餘波盪漾成為生命中不同層次的故事。

我以「徵信社阿宅」自稱。創業初期，怕漏失客戶的電話而不敢亂跑，沒事就「宅」在公司，甚至連晚上也睡在公司裡。當時因為沒經驗、沒本錢，只能靠著拚命三郎的態度去接諮詢電話，各式各樣千奇百怪的故事也由此展開。

「電話」作為徵信業與客戶的第一步認識及篩選，在接洽過程中，就足已讓人大開眼界，有的感人、有的挑釁，有的則令人匪夷所思……五花八門的案件不禁讓我感嘆，真是一樣米養百樣人！

就讓我來為大家分門別類這些奇葩案件吧！

第一類：娓娓道來型

在四大類別中，這種諮詢是最為溫和的一種，攻擊力不高，卻容易讓人身處其中，感受共鳴；不過，後座力相對最強，總使人在事過境遷後，忍不住回想而傷感。而這類諮詢者，通常以「母親」身分為大宗。

曾經接過一位劉媽媽的求助：「我女兒前陣子在家燒炭自殺了。因為用的炭量有點多，又是用塑膠盆裝起來，導致整間房子都被黑煙燻過，味道很難消散，房間地板也燒出焦痕。我們才剛辦完她的喪事，房東就來向我們要賠償金。他說我女兒死在他的家裡，以後沒有人敢租，硬是跟我們要一千萬賠償。但如果我們有這筆錢，也不用租房子了……所以想請教你們，像這種情形在法律上是不是必須賠償的？」

劉媽媽一口氣陳述完整個事件，沒有過多激動，但疲憊的聲音中帶著絕望和無可奈何。經歷過沉痛打擊的她，似乎早已被抽乾力氣與靈魂，僅僅行屍走肉般的處理著接下來應該要處理的事；只是種責任，不帶眷戀，也沒有任何希望。

我感受得出劉媽媽是想對房東負責的，但這筆高額賠償金與害房子變成凶宅的愧疚，確實是她無力償還的。從她的話語中，我聽見她極力想把心中沉痛到不敢回想的事情，再次陳述出來的吃力，還有語氣中濃得化不開的哀愁……這一切，她心裡有多苦？

聽了劉媽媽的詢問，我馬上幫她確認情況。對於這個類型的諮詢者，我通常能幫就幫，有時候甚至會免費協助，雖然不是每一次，但真心希望這個小小的舉動，能為他們送上微薄的溫暖。畢竟大家都有各自過不去的難處，一己之力能做的也僅此而已。

第二類：歇斯底里型

這類諮詢者的問題通常是沒頭沒腦的，或者說出來的情況相當好笑，沒有任何攻擊力，常常讓人一看就知道是騙人的把戲，搞笑能力滿點。

印象最深刻的是曾經接到一名國中生來電，他表示：「我願意付一個小時兩百塊，請你們幫我寫數學功課。」原來因為作業太多，他實在不想寫，所以找上了我們。

接到這件令人啼笑皆非的諮詢，聽著他誠懇的哀求，我忍不住在內心吶喊：「同學，你別來亂啦！這不需要請徵信社吧！」

雖然這名國中生只是打電話來碰運氣，很明顯不是在騙人，從電話中也能聽出他的壓力「有點」大。但為了未來的棟梁，我們還是狠下心拒絕了他。

希望他有好好完成自己應該完成的數學作業啊！

第三類：匪夷所思型

顧名思義，「匪夷所思」就是令人摸不著頭緒、猜不著邊際，比「沒頭沒腦」更自有一套邏輯，殺傷力遠遠高於前兩類。這類型的諮詢者以「溫水煮青蛙」的折磨方式，削弱一個人的腦細胞，因為我們往往難以理解他是裝病，還是真瘋，實在是讓人霧裡看花。

比如這位自稱被「ＦＢＩ」和「忍者」追殺的求助者。

「我不能跟你們講太多，我怕暴露我的行蹤，而且可能會被監聽，因為我懷疑有人要追殺我……」電話的那一頭，許先生以非常緊張和害怕的語氣，小聲地向我們陳述他的處境。

「誰要追殺你？是哪個道上的人嗎？」

如果是在「馬路上」行走的朋友，那可能好解決得多，也許打聽一下事情原委，再請人遊說一番就可以處理好。

但很顯然，許先生並不是這麼想。「他們不是什麼道上的人，是FBI和忍者。這些人都是長期受到精密訓練的人……」

他小心翼翼地透過話筒企圖告訴我們這些要「追殺」他的人，有多麼危險。

「那他們為什麼要追殺你？有什麼理由嗎？」

「我不知道！但我感覺最近一直有人跟著我……」

本來想試著引導他說得具體一些，但實在愈聽愈困擾，畢竟我們是徵信社，不是木葉忍者村啊。

最後也只能好言相勸，請他放寬心，不然死的反而是我的腦細胞！

第四類：惡行惡狀型

這種類型的諮詢者，攻擊性最強，卻沒什麼殺傷力。像一聲響屁，放得很大聲，但也就僅此而已，只要放的人不尷尬，我們就當被汙染一下耳朵，過後也不值得再提。

但為了讓大家知道這究竟是什麼類型，就來說說讓我難得暴怒的案例吧！

那通電話一接起來，對方就以相當囂張的口吻問：「你們是不是什麼案子都接？」為了釐清事情原委，我耐住脾氣詢問事件經過，結果對方是想要告自己的爸爸——沒錯，是自己的親生父親！

聽到這裡，我還是先說服自己，也許是父親做了什麼天大的事，讓身為兒子的諮詢者不諒解，也或許是有什麼不為人知的祕密，讓兒子氣憤到非得將父親告上法庭。沒想到，只是因為臥病在床的父親多唸了他兩句……

回想這名諮詢者從來電開始囂張跋扈的態度，到描述完整件事的經過，很明顯地，問題根本是出在他自己身上！就因為被多唸了兩句而想告自己的父親，這個荒唐理由激得我少見地在電話諮詢中暴怒。我叫他好好回家孝順長輩，對他說：「我們不是有錢就什麼事都接的徵信社！」

掛上電話，我長舒一口氣。無禮的人不少，但為了這種事來委託的卻只有他一個。罵完之後，心情也舒暢了。

總結這些經驗及各種諮詢類型，從事徵信社這個行業，見識到形形色色的人們，人性的善惡或者奇葩的一面也帶給我們比別人更豐富的閱歷。

下一次，又會遇見什麼樣的人物和故事呢？就請你繼續看下去吧！

捉姦一點都不好玩

第一次親見捉姦現場的同事大吐特吐，才明白這是一場真正的仗，一點都不好玩。

總有些場面，因緣際會認識了新的朋友，當對方得知我在徵信社工作，好奇便像雪片迎面而來。

「捉姦是什麼感覺？」

「很刺激、很好玩？」

好像在大眾的印象裡，所謂「捉姦」就是一群人衝進房間，掀棉被、拍照，一團混亂的場面，得有鄉土劇般的浮誇情節才算一次合格的捉姦。

沒辦法，捉姦這件事，自古以來就是相當戲劇化的戲碼。誰都想親眼看看這一場「戲」，像坐在演唱會的搖滾區，在別人活生生、血淋淋的人生中，感受一番４Ｄ或５Ｄ的現場震撼，然後在自己平淡無奇的日子裡，添上一筆願望清單，上面寫著：「看過捉姦現場」，這一行的左邊要打上「Ｖ」，顯示著這可不是容易做到的事。以後當朋友或子孫問起時，可以像在說自己征服了喜馬拉雅山般的高潮迭起。他們可能會有許多問題，而你能回答得愈是鉅細靡遺，就愈能顯得那份殊榮得來不易。

我對捉姦的想像原本也和一般人一樣：爭執、拉扯，在一片混亂間，憤怒熊熊燃燒，一點一滴地燒毀曾經只有單純兩個人之間的愛的宣言——但那是在我入行之前。

有位內勤同事在剛進公司時，也對「捉姦」的工作充滿好奇。某天，正好有件風險相對較低的案子要捉姦，負責的同事評估後，同意帶上期盼已久的她一同前去。

委託人小蕙年約四十歲，丈夫的工作是保險業務員。兩人結婚近二十年，住在周圍環山的社區大樓五樓，育有一子一女。

看似幸福之家，卻在陳腐的時間中走了味。

我們追蹤到小蕙的丈夫固定會在上班日的中午，帶小三驅車回家發生關係。在有固定模式和充分掌握證據的前提下，我們和小蕙約好捉姦時間，徵得她同意，事先破壞門鏈，確保我們在她開門後的第一時間可以衝入屋內，當場捉獲兩人。

一如電視上演的：一群人衝進房間，一絲不掛的丈夫和小三在床上，充滿驚慌與錯愕。

那是平常小蕙和孩子們一起睡的房間。為什麼選這裡，而不是主臥室？我寧可想作是這個丈夫對太太最後的尊重，至少玷汙的不是兩人之間曾經相愛的那張床。

然而，當事人很難這麼想。雖然早已做足心理準備，但親眼見證愛人陌生、愛情粉碎的剎那，話語中極力掩蓋的顫抖，還是聽出了哽咽。小蕙喊著丈夫的名字，問他：「你怎麼可以在我和小孩睡覺的地方做出這樣的事情？難道你們看到孩子的照片、我們的全家福，心裡都不會愧疚嗎？」

丈夫在驚恐中拉住棉被一角，遮住上一刻還傲如雄鷹、下一秒喪如爛蟲的下體，只是不斷徒勞地喊叫：「你們是誰？」一旁的小三則是一邊尖叫，一邊垂死掙扎般的亟欲遮去早已散落一地的臉面。

這是屢見不鮮的現象，捉姦在床的那一刻，男女反應大不同，男人永遠先遮下體，女人永遠先遮臉。彷彿某種生存遊戲：在臨死前，只能選擇保護身體的其中一個部位，你會選哪裡？女人要臉，在這生存的最後一刻，看來已經是某種不變的真理；男人就更不用說了，誓死捍衛他驕傲的寶貝。

我還遇過被捉姦的時候，男方不自禁地發抖，女方卻坐在床邊面無表情地抽著菸，面對元配質問，冷冷地回嗆。許多時候，女人確實能比大部分的男人冷靜，但顯然不是在這個現場。

「你怎麼可以這樣……」小蕙在憤怒、不可思議和悲傷中拼出的零碎話語，一片片被絕望抽離。忽然又像想奮力為自己的愛情做最後反抗，或者要好好看清小三的模樣，想知道自己究竟輸在哪裡。「讓我看看你是多厲害、有多騷，可以這樣讓他為你神魂顛倒？你讓我看看！為什麼要破壞人家的家庭?!」

小蕙用盡全力尖叫著，試圖用力扯下小三的被子，扯下最後一塊遮羞布，扯下最後殘酷的真相，扯下宣告愛情終結的篇章，任由美好家庭碎了一地的玻璃扎在心上。

「你不要鬧了！你們到底是誰？到底是誰！滾出我家！不然我劈死你們！」丈夫在此刻也像被激怒般，越發猛烈地質問我們是誰，光著身子驅趕，逕自衝進廚房，手持菜刀做出威脅。什麼鳥他都不管了，豁出去至少能為小三爭取一點穿衣時間。

面對這場面，我們司空見慣，但由於委託人沒有特別要求進一步的動作，因此我們只能先拿椅子抵擋連連攻擊而來的菜刀。

即便如此，有兩名調查人員還是不幸被砍傷手。直到警察到場，手持鎮暴棍合力制止，才結束這場捉姦行動。

一離開那裡，第一次親見捉姦現場的同事開始大吐特吐。劍拔弩張的叫囂、撕心裂肺的哭喊……仇恨的磁場像一層密不透風的網，將在場的人覆蓋、綑綁，讓人喘不過氣，只能一口又一口地吸進滿滿的負能量。

同事一路暈回公司，才明白這是一場真真正正的仗。我們絞盡腦汁地為客戶談判、出謀劃策，為的是將傷害降到最低。

原來，捉姦一點都不好玩。

而在捉姦之後呢？

我想起約莫十年前的案子，我們陪同委託人和哥哥至她丈夫與小三的華美租屋處捉姦，之後因對方拒絕談判，哥哥陪著委託人把女兒從奶奶家帶出來，先行回到我們辦公室。

三更半夜，三歲孩子的哭聲響徹整個空間。

「我要找奶奶！我要找奶奶！」

「你哭什麼？你爸爸有外遇你哭什麼？」委託人的哥哥激動地大罵。

稚嫩孩童的哭喊，伴隨著大人焦躁地來回踱步、情緒轉移的語言暴力，像刻在白牆上的決絕血咒，一遍遍迴盪在濃濃的夜裡，任其腐朽、發臭。

委託人只是靜靜地坐在一旁。來不及消化的衝擊抽乾她所有的力氣，她蒼白得發不出一聲遏阻，也舉不起雙手來擁抱這個曾經愛的結晶。

小女孩的無助凝成我眼角的一滴水。至今，我仍可以清晰聽見她崩塌小世界裡發出的淒厲哭求。

踏入徵信業十六年，無數的場面掀開過人間天堂和人間地獄。小女孩的衝擊仍時不時地竄進腦海。

捉姦，其實不是刺激、有趣的「反恐行動」。

對於負責任的徵信業者來說，捉一次姦就像動一次「手術」，是以讓當事人獲取自己想要的生活為目的，而捉姦行動僅僅只是個過程。

除了事前的評估、鉅細靡遺地掌握現場的每個狀況之外，我們必須進入客戶的情緒，在了解雙方的立場後，馬上抽離自己的情緒來擬定對策；同時，也必須背負起這場手術的成敗，以及對於病人預後的關注責任。

如果可以，我希望我的客戶都沒有必要用捉姦去解決問題。

如果可以，我希望每個人都能用最平和的方式，為了孩子、也為了自己，更和平地生活。

執迷的代價

「你為什麼騙我？我先生明明有外遇，你為什麼說沒有？」她氣憤地對我說。

「我們做徵信業的，就像是『馬桶』一樣。」剛入行的時候，老東家的主管這麼對我說。

當時還是菜鳥的我不明白是什麼意思。為什麼是馬桶？

但隨著入行愈久、愈深，有一天，就悟了：客戶急的時候，求我們、抱著我們，拜託我們讓他解放，然後氣呀、苦哇、痛啊，一股腦地全都傾洩出來；但是拉完之後，拍拍屁股走人，轉身就嫌我們臭。

曾經接到一位劉小姐打電話來，說她懷疑老公有外遇，希望我們協助蒐證。

「是什麼原因讓你有這樣的懷疑？」我問。

她說，老公這幾年都不願意碰她，拿回家的錢也變少了，還常常看起來悶悶不樂，不知道在想些什麼。「身為他的枕邊人，我的直覺是他一定有了外遇！」電話那頭的她如此肯定地道出結論。

聽著太太認為「可疑」的這些跡象，我先勸她：「這樣就是一定有外遇嗎？也許是工作壓力太大，或者是夫妻之間的相處模式出了什麼問題。」

「我老公就是有外遇！」她斬釘截鐵地說，我彷彿能聽到電話另一頭的她咬牙切齒的聲音。她繼續說著：「謝先生，你幫幫我。我看過關於你的報導，你是個可以信賴的人。你能幫我嗎？」

我不敢一口答應委託，希望能夠再和客戶多聊聊，於是與她約在速食店見面。

那是個週六下午，我買了杯可樂，走上二樓卻見用餐區坐滿了，尋了一圈才好不容易找到唯一一桌四人座的空位。等了一陣子，瞧見一名婦人走上二樓，兩手各牽著一個小孩。我直覺認為應該是那位客戶，立刻站起來，輕聲喊道：「劉小姐，這邊！」她牽著孩子走過來，笑著對我說：「謝先生，你比照片上還要帥耶！」想來那時我還年輕，有被稱讚帥的資本；若放到現在，大概會被嫌棄本人和照片一點都不像吧。

劉小姐帶著一個孩子坐，另一個孩子則坐在我身邊。她沒有要點餐的意思，四人座，桌上只有一杯可樂。就算為孩子點個飲料也好吧？我不禁這麼想。

接著劉小姐叨叨絮絮了半個小時，兩個小朋友居然就這麼乖巧地坐著，沒有吵鬧，彷彿兩隻被馴服得異常安靜的小貓。

我一面專注地聽她說，一面觀察她。可能是要照顧兩個幼童的緣故，她顯然疏於照料自己的外在；脾氣似乎也不好，又或是煩惱太多，臉上直的皺紋比橫的皺紋多，眉宇之間給人一種緊迫盯人感。

她的先生是上輪班制、一天得值班十二個小時的工廠作業員。四萬元月薪擔負一家大小的開銷，再加上他婚前似乎有一些債務，可以想見先生的壓力不小。

聽完劉小姐娓娓道來丈夫的種種後，其實我不認為她先生有外遇。我老實地告訴她，

這件事情不見得要查。

「或許是夫妻相處的問題……聽起來，以你先生的個性、外在和客觀條件，我不覺得他有外遇的空間。」我對劉小姐實話實說。

畢竟這個社會很現實，要外遇需要一點本事，可能是妙語連珠，說得一口好話；也許是情場高手，善於營造氣氛；不然就是貌比潘安或者腰纏萬貫，才有那等本事金屋藏嬌。無論怎麼說，她先生似乎統統不符合。

因此，我是希望劉小姐不要委託，把錢留著去與先生修復關係或許更好。但是……

「謝先生，沒有關係，你告訴我蒐證要多少錢？」她依然堅持。

我知道她不太富裕，遂開了一個禮拜三萬五千元的價格。我印象很深刻，當時她誇張地回問：「這麼貴?!」

然而，若是一個禮拜認真辦案的成本就在兩萬至兩萬五千元左右了。三萬五千元不算高開，平時是開到五萬元以上的。於是我婉言勸她：「沒關係，你不一定要委託我。成本也可以如實向你告知，約在兩萬到兩萬五之間。如果真的覺得貴，可以找別家，或者你再考慮看看，未必要找徵信社的。」

她卻繼續苦苦拜託：「可是我在網路上有看到你的新聞，都是免費幫助別人的啊！」

事實上，我很害怕有人以這種方式請我幫忙，畢竟有不少案子其實不需要找徵信社，拿這種沒有必要的需求去類比和求取資源，顯然不太合理。我只能對她抱歉：「劉小姐，真的沒有辦法，因為你的事情屬於非必要性的，再說也不是非我不可——」

正說到一半，劉小姐猛然伸出手，一把拉起她身邊的孩子，並將坐在我身旁的小孩叫過去。

看她這股架式，我以為她是氣得要離去，又荒謬地以為她要拿起桌上那杯可樂狠狠地朝我潑來，頓時有些緊張。但這個價格已經開得很低，是我的底線，只能僵硬地笑著，繼續歉然地向她說明公司的難處。此時，出乎意料的事情發生了——

她拉著兩個孩子「砰」地跪了下來。

剎那間，四周所有人的目光如劍，全都投向我們。

這是古代宮廷劇，攔轎申冤嗎？我瞬間傻住。

「謝先生，拜託你幫幫我，你一定要幫我！」

「拜託，小姐，你先起來。」我連忙說著。眾人的目光著實令人難以承受，而且我從來沒有讓這麼小的孩子跪在面前過。

劉小姐卻搖搖頭，目光堅決，帶著悲壯：「你先答應幫我，我才起來！」說完，甚至要兩個孩子一起加入請求的行列。

兩個小孩懵懵懂懂，哪裡明白發生什麼事情，很快就照辦，用著稚嫩的童音跟著哀

求：「叔叔幫幫忙，幫幫媽媽好不好？」

我馬上就心軟了，無奈地說：「好，我答應你。不管怎麼樣，你們先起來。」

下一秒，劉小姐的動作也和我心軟的速度一樣快，瞬間就坐回椅子上。不知道是不是我記憶裡的錯覺，她的嘴角若有似無地微微勾起。

「不然這樣，劉小姐，你覺得多少錢接這個案子合理？」我心中暗嘆，硬著頭皮問。

「五千塊能不能？」她認真地問著。

我以為是自己聽錯了。成本兩萬五，你跟我說五千塊？

「殺頭生意有人做，賠錢生意沒人做啊！」

「可是謝先生，你剛剛答應我了。」她理所當然地說。

我愣了半晌，決定算了，答應便答應了吧，愛面子、愛逞強也是自找的。最終我心裡苦笑著，咬牙把這份合約書簽了，一筆一筆地重重刻下——一個禮拜行蹤，五千塊，成交。

從劉小姐那裡拿到她丈夫的資料後，我們便開始認真地調查他的行蹤。

那週，她先生值夜班。他的生活習慣非常單純，每天輪完夜班就騎車回家。但劉小姐就是懷疑。有時候先生騎車較慢，中間二、三十分鐘不知所蹤；還有上午先生在家裡睡覺，她也要求我們等在那邊，看他有沒有偷偷跑出門，藉由買菸而跑去與別的女人私會或是搞曖昧。

經過我們的認真調查，發現這個男人完全沒有與異性接觸的紀錄。就連與幾位同事在豆漿店吃東西，其中唯一一名女同事也和他離得超遠。

一個禮拜很快就過去了，我們再度約在同一間速食店碰面，這次劉小姐沒有帶小孩。我把整個禮拜錄下的畫面一一播放給她看。

「你老公真的沒有外遇，而且他上班真的很辛苦，你要多關心他、多體恤他一點。」我笑著說，由衷地向她道賀，並試圖勸她。我想她只是太愛老公，關心則亂。原以為劉小姐會就此安心，然而她的臉色「唰」一下就變了。

「謝先生，你為什麼要騙我？」她氣憤地說。

我頓時怔住了，絲毫無法理解她話語中的意思。「我騙你什麼？」半晌後，我問出這句話來。

「謝先生，你為什麼要騙我？」她卻再問了一次，這次聲音提高八度。

儘管二樓的客人不多，我依舊感受到眾人如炬的目光。霎時我的心臟怦怦地跳，又是氣憤，又是不知所措。

「我到底騙你什麼？」我滿心驚愕，但仍保持輕聲細語地問。

「你是不是嫌我付的錢少才騙我？我先生明明就有外遇，你為什麼跟我說沒有？」

我仍記得她憤怒的面容，還有低吼出的這段話語。

我竭力保持冷靜，和她解釋：「這一週以來，我們每天都有拍下畫面，甚至出門買菸的畫面都如實記錄，他確實沒有外遇啊！」

「你把錢退給我，不然我要報警。」她冷冷地說。

我再度傻愣在原地。不計成本地賠錢替你辦事情，還要把錢退給你？

「我們到底哪裡做得不對，你要我們退錢？」我難以理解地質問她。

事實上，談到這邊，我的心頭火也開始燃燒起來。沒有跟你把成本價拿回來就不錯了，居然還要求退錢？

最後我們兩人沒有達成共識。我堅決表示自己是不可能退錢的。

然而在不久後，我接到當地派出所打來的電話，說有位小姐要告我「詐欺」，希望我親自去一趟。雖然他們沒有受理報案，但還是希望我到案說明。

我將那一週拍攝的所有畫面及只有五千元的合約書，如實給警官檢閱，並且將整起事件的來龍去脈說明清楚。

「我們辛辛苦苦守了一個禮拜，只收她五千塊。請問警察大人，我到底詐欺了什麼？」我不禁無語問蒼天，希望可以得到警官的解答。

了解整件事情後，警官苦笑著安慰，也覺得我很倒楣，遇到瘋子。

其實，我知道自己不是遇到瘋子或是騙子。執業以來，遇過太多這種執迷的例子。

●●

還以為這件事情就這樣結束了。但這個圈子很小，同業之間嘲笑我的流言蜚語很快便傳到我耳中。

原來在不久後，這位劉小姐找上了另一家大徵信社。他們一樣收她很低的價格，但不一樣的是，很快就幫她找到了老公「外遇」的證據。

怎麼會這樣呢？

他們請公司裡的女孩子去跟劉小姐的老公搭訕。

我輕易就想像得出可能用了什麼手法。譬如她會說自己和男朋友吵架，被丟包在街

上，一把鼻涕一把眼淚地哀求這位「哥哥」把她載到火車站，因為她身上沒錢。上了摩托車，自然就把這位先生攬得緊緊的，一旁的同事再把這個畫面拍下來，證據便輕而易舉地成立。最後把畫面交給客戶看，一口咬定：「這就是你先生的外遇對象。」

「我早就知道老公外遇了！」於是客戶喜出望外地這麼喊著。人只看得見自己想看見的事物，只相信自己願意相信的事情。

後來那家徵信社向劉太太提議可以協助捉姦，一起把小三趕走。她一口答應，並且支付了捉姦費用三十萬。明明她並不富裕呀，錢是從哪裡來的？答案是——那家徵信社替她貸款的。神也是他們，鬼也是他們。

她老公沒有外遇是真的；有異性在後座抱住她老公卻也是事實。整件事情陷入羅生門，最後不了了之。

而徵信社協助客戶拿到低利貸款，所以他們不但坑了大錢，還可以受客戶感激涕零，天底下居然有這種好事。

整件事情傳開，那家同業嘲笑我：「小博真笨，收五千塊想要幫人，真的自以為是，最後還差點被告！我們輕輕鬆鬆地找人去搭訕，成本不到兩、三千塊，最後還跟客戶撈到三十萬。」

我實在是又氣又無奈，但同時也覺得劉小姐與後來承攬這起案件的業務很可憐，也很辛苦。

劉小姐陷溺在對丈夫的錯誤認知中，成天疑神疑鬼，還白白付了一大筆錢。不管離婚與否，她自己、丈夫和孩子想必都很辛苦。有時固執又不理性的想法，反倒最容易左右人的一生。

至於那位同行，他可能為了賺錢而必須做假資料、欺騙，必須把自己的良心用一塊布蓋起來。我覺得那是很辛苦的事。他所承受的，或許是午夜夢迴的驚醒，或許是時而想起自己種種的不對，或許某些瞬間也會感到痛苦、難受。

在許多同行眼中，我是個徹頭徹尾的笨蛋。但我覺得在這個行業裡，我賺錢賺得心安理得，也睡得安穩。

若能由此開始帶起什麼改變也好。至少我希望，這個行業不只是發揮完功能就被嫌髒、嫌臭的馬桶而已。我想，這就是我要的。

來自仙界的指名

神明報出我們的電話號碼?!

這個橋段扯到沒有任何邏輯可言，電影也不敢這樣拍吧！

「人在做，天在看」、「冥冥之中自有神明庇佑」，這些是我們再熟悉不過的句子。身為基督徒，對於所謂怪力亂神之事，我一向秉持著聆聽、尊重的態度，但是由於工作關係，偶爾會遇到有宗教、神怪、靈異方面等需求的客戶，比如曾經有堅稱自己被下咒的人，委託我們揪出幕後黑手。

在此所說的這幾件十分不可思議的案子，並非是調查過程發生了費解的神蹟，而是——神明介紹生意給我們！

濟公給的電話號碼?!

有回接到一件委託，來電的女子叫雅雅，她的聲音聽起來像是完全喪失了求生意志。雅雅遭到感情詐騙，而且她多年積累的三百多萬元存款全被騙光了。

聽到這樣的委託，我們首先就是感到頭痛，因為這類型案子大多是集團犯案，分工細膩，或許捉得到人，但想要討回錢可說是難上加難。

不過聽著電話那頭了無生氣的聲音，我有個直覺，如果不接，她可能會出事情，便說服自己先接下來再說。

然而神奇的是，原本預料這是個難度非常高的案件，沒想到順利地查出犯案集團的蹤跡，而且最後在各方勢力夾擊之下，該集團同意歸還全部的金錢。這件案子竟然辦得如此順利又快速，讓我們感到十分驚訝與興奮。

案件結束後，與雅雅碰面，我聊起當初願意接下這案子，其實是因為擔心她想不開。雅雅聽了，表示：「其實打電話給你的時候，我站在頂樓，是有個『聲音』告訴我你們的電話號碼……」

聽信了愛情騙子、存款被騙光的雅雅，完全沒有了求生意志，她走上自家樓頂，想

要跳下去好求個解脫。正當走到圍牆邊時，聽見「濟公師父的聲音」——濟公師父報出一串數字。也不知為何，她拿出手機，按下這串數字，就撥通了我公司的電話……

我實在好奇雅雅口中「濟公師父的聲音」到底是怎樣的聲音，而且竟然是直接報出我們的電話號碼！這個橋段扯到沒有任何邏輯可言，電影也不敢這樣拍吧！

但是看著她一臉真摯，我又不由得不信。

仙姑料事如神！

就從辦了雅雅的案子以後，我們陸續經歷了幾回類似的狀況。

業務同事接了一名女性客戶的委託，幫她處理家族糾紛。這是一件十分困難的案子，我們動用了大量人力，絞盡腦汁地蒐集情報、加上設局，終於完成委託。

事後與承接案件的業務夥伴聊天時，他提到當初女客戶是帶著「一堆徵信社的名字」去請一位她十分信任的仙姑挑選，女客戶還跟他說：「仙姑不僅料事如神，而且不收費。」所以是仙姑挑選出我們公司。幸好，我們很爭氣地沒有愧對仙姑的「翻牌」。

而這位業務同事也因此成了仙姑的忠實信徒。我聽說時，不禁啞然失笑：不知道這算不算另外一種回報呢？

觀世音菩薩託夢……

還有一件案子是正宮遠從外地來委託捉姦。由於丈夫與小三的偷情地點很好掌握，所以我們很快便結案。

但也正因為案子實在太過簡單，她在當地應該就能輕易找到許多同行願意承接，我好奇地問她怎麼會遠道前來找我們辦案。

她回答：「我會來找你們，是因為觀世音菩薩託夢說的。」

聽到這句話，我傻眼了。

「那時候，我每天都在苦惱老公外遇的事情，根本不曉得該怎麼辦才好。結果有一天睡覺的時候，我夢見觀世音菩薩說，要解決我老公的事，可以找你們。」

我們再次成為神明指定的「承包商」。

就在寫下這些故事的幾天前，業務告訴我：「博哥，我們又被神明點名了！」原來

是有位客戶向神明問事，而神尊點名由我們辦案。雖然類似的情況已發生十多次，但每回遇到時，還是令我非常訝異。

一家公司竟然因為神明而接到十多次委託案，而且幾乎每回點名的都不是同一位神祇。次數一多，雖然心裡隱隱有種「獲得十方神明認可」的驕傲感，同時卻又感到慚愧。其他同行遇初一、十五會固定拜拜，每逢重要節日更會擴大祭祀的規模，但身為基督徒的我沒有固定祭拜的習慣，身為多次承蒙神恩的公司卻沒有好好向祂們表示感恩，似乎有點說不過去。

有位比較熟悉民間宗教的朋友聽我聊起這件事，對我說：「民間宗教的神明都很大度。」並告訴我，神明是以「勸人向善」為優先目的，並不會因為一個人沒有相關信仰就不庇佑他。「比起整天做壞事，然後祭拜神明，神明更想看到我們日常行善。」他說。

朋友的解釋稍微緩解了堵在我心頭上的壓力。但所謂禮尚往來，承蒙各方神明如此認同，多次指名介紹案件，我卻無法回饋什麼，實在非常失禮。

我開始認真思考是不是要徵一位「宗教長」，統籌與各路神明的「公關事宜」，至少能夠定時代表公司祭拜。否則隨著如此奇遇愈來愈多，不能拿香的我，只會愈來愈慚愧。

不要調查自己身邊的人

「懷疑」是一顆種子，一旦埋下去，你絕對不想發現的真相終將破土而出……

我曾有一位很棒、很優秀的夥伴，他叫阿錦。曾經。

阿錦不是你想像中會在傳統徵信社見到的那一類人。

你一定會喜歡他，不僅因為他長得帥，笑起來的兩個酒窩在黝黑皮膚上顯得格外陽光，更因為他的魅力——來自南投埔里鄉間的他，純樸、積極、陽光、可靠、惜情又重義氣。他不像我有時一板一眼、遇到不喜歡的事情就變成撲克臉，他永遠都可以很圓融地處理好事情，所到之處充滿歡笑。

當公司忙得不可開交時，他總是義不容辭地前來支援。即便從白天忙到晚上，在長時間、高壓力的工作環境中，他也保持著高度熱情，掌握每件案子的進度，全心全意地投入工作。

迄今我仍能想起第一次見面那天，他那靦腆笑容和眼裡的光芒。「博哥，終於見到你了！久仰久仰。」

第一次見到阿錦是他主動聯繫我。那時他在同行的公司擔任調查員，看見我寫在部落格的文章，率真地向我表露崇拜與讚賞。他就像年輕時的我，看不慣傳統徵信社的做法，真心希望透過這個行業，對無助的人們盡微薄之力。

幾個月後，他選擇與我一起為這個行業打拚。

深夜裡，公司常常只剩下我們兩人在各自的辦公室工作。他通常在研究追蹤器、針孔、竊聽器等各種徵信器材，上人力銀行尋找合適的工作夥伴，抑或寫信聯繫客戶。我則寫文章、案例、教程等。

我自己是工作狂，但常到凌晨兩、三點仍看他的辦公室亮著燈。走過去問他怎麼還沒睡，他會抬起頭，露出帶酒窩的燦爛微笑，說：「博哥，我待會就睡了。你快睡。」我總忍不住叨唸：「不早睡，早上怎麼有精神。」他聽了總回以傻笑。

早上我在沙發上醒來時，阿錦通常還在自己辦公室的沙發上熟睡。我會買好早餐，放在他身旁的桌上。

阿錦十分可靠。我是一個不太會做人的老闆，加上不太會為自己解釋，每當有員工誤會我，他總努力地為我分說。而當我被同行欺負，他會比我更衝動地想要找對方算帳。啊，我想我再也遇不到像他這麼挺我的夥伴了……

在一天天相處中，我深信阿錦是值得託付的人，想著不適合當老闆的我可以慢慢地把公司交付給他，自己專心做好後勤工作。

然而，所有對未來的憧憬，卻在一個泛著絲絲涼意的早晨戛然而止。

電影《門徒》裡，臥底警察阿力長期潛伏於毒販身旁。在提心吊膽的臥底生活中，他將情感寄託於身染毒癮的阿芬。然而事與願違，阿芬因吸毒暴斃，阿力喪失了黑暗中唯一的企盼。因為空虛，他亦差點染上毒癮，失去阿芬的他心裡已無想望。

從事這行，我從未調查過身邊的人。因為「懷疑」是一顆種子，從埋下去的瞬間就開始生根、發芽，無論在其上覆蓋多少石塊與土壤，「懷疑」終究會想方設法破土而出，最後逼得自己沒有回頭路可走。

我也同樣反覆地告誡自己的同仁：「不要調查自己身邊的人。」所以對於重要的人、事、物，我們會盡力選擇相信，不要懷疑。

然而，阿錦在一個不對的時間點，觸犯了這條守則。

恍如昨日，冬夜的晚上九點二十分，阿錦打給我，電話那頭傳來哽咽的聲音。我很詫異，怎麼也沒想過這聲音會自他喉頭發出。

他說，他定位女友的位置，發現在汽車旅館；然而打電話給女友時，她卻說自己在外面拜訪客戶。他知道女友沒有說實話，畢竟我們聽過太多謊言，很清楚謊言與真話的疆界。

阿錦哭著說想要休息一陣子，我告訴他沒問題。他說休息一陣子後，就可以回歸團隊，他會做得更好；我告訴他，他已做得很好了。他說他覺得辜負了我的期望——聽到這句，我的心都快碎了。我告訴他如果不是他，公司不會進展得那麼順利。

但這時我才體認到，自己帶給他的壓力多麼大。

「要不要下台中去陪你？」我問他。

他說：「不用。我待會兒就好了。」

後來知道，阿錦回家後，女友也隨之到家。他抱著女友，告訴她他都知道了；告訴她他很抱歉，因工作而沒能好好陪她；告訴她所有一切的努力，都是想讓她為自己驕傲。最後告訴她，他永遠愛她。

女友抱著他，哭得像個小孩。但他沒有哭，反覆摩娑著她的頭髮，柔聲安慰。

接著，阿錦踅回公司。

他很愛公司，一直以來花了很多時間陪公司的同事們聊天、喝酒，總關心著身邊人的心緒。那天，他也一樣回到台中分公司，與年輕夥伴們一起邊笑、邊喝酒。他們後來說，阿錦喝得很醉，醉到兩次跌在地上，然後哈哈大笑。

凌晨四點，收到他 LINE 的訊息：「博哥，我可能要休息久一點。等休息夠了，就會回到你身邊，陪你一起把公司做得更好。」

我還沒睡，一收到訊息便馬上打電話給他，他說他在路上散步，吹著風。昏昧的我當下沒有警覺。那是我最愚蠢的一天，以致從那天到現在，我每天每天都痛悔著自己沒有踏對的每一步。

「還好嗎？」我問他。這又是一個笨問題。他說還好。他說，他要多休息一下。電話那頭的他沒有哭，是像以往一般爽朗的聲音，以及盤旋在他周遭的風聲。「要不要我去陪你？」我再次問他。他頓了一頓，然後說不用。我恨自己當下沒有注意到這個停頓。

接著我說了一些自以為是的話：「女人再找就有了」、「我可以幫你介紹很多好女孩」、「如果你結婚，我會比自己的親弟弟結婚還開心」、「公司我會處理好，你可以放心休息」……我實在太自以為是了。

阿錦只說：「博哥，很抱歉因私事造成你的困擾。」

聽到這話，心狠狠地被揪了一下。這個傻弟弟，在這個時候，還擔心自己的狀況影響到工作。一時之間，我吶吶地無言以對，最後擠出一句話：「你放心休息。工作上的事情，我來處理就好。」

然後我們互道晚安，掛了電話。

電話的最後，我們約好了，「明天碰面吃飯再聊。」

隔天早上七點十幾分，電話響起。一看是阿錦的女友打來，我心裡替阿錦抱不平，不接。接著她連打來三通，我隱隱覺得情況不對，接了起來——她要我幫忙找阿錦，因為他留了一份遺言！

我迅速地把前一晚的對話過程與阿錦的個性在腦海中跑了一遍，研判他很可能真的要輕生！

於是我開始行動。先打電話給阿錦，他關機。接著打電話給所有調查員，一定要找到阿錦。

前晚和阿錦一起喝酒的幾個同事笑說我擔心過度了，他在幾個小時前還跟他們開心地邊喝邊聊。我很嚴肅地告訴他們事情的嚴重性：阿錦就是到最後一刻也不想給別人添麻煩與擔心的人啊！所以沒有人真正地意識到他可能撐不住了。

阿錦在語音信箱錄了一段遺言給親友，語調聽起來很醉。他邊哭，邊一一交代後事，大致是：欠他錢的人不用還了；交代公司的事情與帳目；感謝身邊一個又一個的人……

後來回想起來，我很氣，氣平日那麼節省的他竟然借了那麼多錢給別人；氣他都到了這個時候，仍掛念著公司與大家。

那通最後的語音裡，他哭著說：「我總笑客戶很蠢、很執著、很弱，但現在才知道，我比他們還要弱、還要沒用。我過不去……我不要當人了。當人太苦了！如果有來生，我要當蟲，或者一枝草也好，不要再當人，太苦了……」

聽到這通語音，大家才真正意識到事態嚴重。

我要他們趕往阿錦的埔里老家，因為聽起來他的意識不是很清楚，有很大的機率會往自己熟悉的地方去。

同時，我也動用所有可以用的資源：聯絡埔里各個里的里長，請他們幫忙找人；到臉書社團發文；指揮每個調查員及確認他們找尋的位置。

阿錦的電話一度有開機。同事打給他時，他接了起來，只聽電話那頭的他輕聲地說：「我好想睡覺，醒來再跟你們聯絡……」

聽了回報，我安慰著阿錦的媽媽說他可能沒事了，但腦中卻有個聲音大聲在警告我：

事情很不妙！快、快、快！

我們比警方早二十分鐘在埔里找到他。卻還是慢了。他停車的位置很刁鑽，在平時有夜市的空地上，但又巧妙地位於一個車棚後面，經過的人根本不會注意到。啊，他在最後依然是一名厲害的調查夥伴。

車沒鎖，同事打開車門，發現後座有盆炭火在燒著。他們把現場照片傳給我，我一看就知道，來不及了……

三個多小時後，我趕到暫時安放他遺體的地方。

沒有奇蹟。

我希望這是夢。直到現在，仍期盼打著這段文字的自己在作夢；夢醒後，他人還好好的。

我坐到放置阿錦遺體的冰櫃旁，那上面有一塊透明玻璃，蓋著一塊布。我掀開布，想看他、跟他說話，可是他的頭上還有一層布包著。

後來，他媽媽和妹妹來了、女友來了、同事們先後來了……我把自己的腦袋裡面清出一塊區域，對台中同事交代著接下來的安排與布置。我很討厭自己在這樣的狀態下還得去想公司的事情，我覺得自己應全然地悲痛。

我討厭這樣的自己。

出殯那天的清晨四點五十分，我走進靈堂，阿錦的家人和朋友們都在。那裡擺了一台卡拉ＯＫ陪他唱歌，他很愛唱歌，尤其是蕭敬騰的歌，以前該錄一段的。

走進擺放遺體的地方，化好妝的他躺在白鐵推車上。臉好瘦好瘦，原本就很瘦的他，臉頰整個凹陷進去，一頭捲髮無序地散亂在頭頂。

看著他，突然很羨慕，希望躺在那兒的是我。應該是我才對。因為在我心中，公司是要交給他的。他不像我不會和大家聊天，他可以做得很好。

我也好想休息啊，做這行真的太累了。我很想大聲叫他起來，不要躺了，還有好多事情要做，別任性。

告別式上，許多他的同學和家人告訴我，阿錦很敬佩我，並以公司為榮。然而，我卻不知怎麼回應。

不曉得當下自己是什麼表情，但每一次聽到，都是朝心頭的一記重擊。我沒有照顧好阿錦，沒有照顧好這世界上比我手足還親的弟弟。我不知道他那麼愛我，也沒機會再告訴他，我多麼愛他。

最後他變成小小的一罐骨灰。

我向他的家人要了他的西裝外套，披在自己辦公室的椅子上。並且買下阿錦自殺的那輛車，停在自己家的車庫裡。

過去與阿錦討論案子，聊到委託人的狀況時，我們常不明白為什麼有這麼多人對感情如此執著。然而，一旦自己身陷其中，狀況卻更糟糕。

從普羅大眾的觀點來看，從事徵信工作的我們常遊走於灰色地帶，很多時候為了案件，須維持一定程度的理智與冷血，難免給人戒心及負面的觀感。但我和阿錦胝管奔

流的血液其實比許多人還要滾燙。

偶爾我會想：如果當初不找阿錦進公司，是否就不會有這樣的結果？如果阿錦不這麼忙碌，有多一點時間陪伴女友，是否就不會被劈腿？甚至想到如果他還活著，是不是他們現在過著幸福的日子？

只是再也沒有如果了。

阿錦的爸爸說，希望我們公司愈來愈好，這樣才能當作兒子是因工作太忙，回不了家。這段時間以來，我每天都為這句話努力。

原本我對死亡有一定程度的畏懼，可是自從阿錦走後，我不怕了。聽說輕生走的人無法上天堂。反正我本來就無法上天堂，也不想上天堂；如果哪天走了，就可在地獄和阿錦重逢，那很好。

但在那之前，要把公司做好，連阿錦的份一起。

兄弟，我想你。

不受理的委託

能做到，不代表就要去做。

一位聲音嬌滴滴的女人打來，詢問我們公司能否代為調換DNA的檢驗報告。她說她的公婆要求檢測孩子與先生的基因定序，但做了兩次，結果都不相符。

顯而易見，這個委託是求一份「相符合」的結果。

實際上，我們是有可能做到的，例如趁著檢體送驗之前，置換檢體；或是等結果的報告出來後（通常是寄送實體信件或是電子檔），加以攔截，並仿製一份報告。

但是，我拒絕了。能做到，不代表就要去做。

委託案百百種，「經營者自己的思考與評估」是相對重要的一環。一旦判斷失誤，

可能會導致更多不幸發生，牽扯到更多人的人生。於是我每一天都在定義什麼是正確、什麼是真理，如何在「正義」與「利益」之間做出適當的平衡，怎麼做才能盡可能地減少傷害，陪伴當事人跨越難關。

以我的角度來看，拒絕並不是因為有多高尚的道德情懷；而是如果執行，不幸的人只會繼續不幸，幸運的人則會繼續利用別人的不幸……就這樣惡性循環，沒有終點。正因我不想違背自己踏入徵信這一行，「想要讓大家獲得幸福」的初衷，遇到這種時刻，「正義」就會大於利益，寧可婉拒，也不要違心。

若以那位女士的角度來看，我也會拒絕。就算改變了檢驗結果，也無法改變孩子的出生及親生父親。即使她成功地瞞過公婆，也欺騙不了自己；看見孩子，就想起自己做過什麼，而一切竟由無辜的孩子背負。

以她先生的角度來看，我更是要斷然拒絕。在謊言下扶養別人的孩子，這本來就是錯誤的開始。哪天他發現了真相，要繼續視如己出？狠下心把孩子趕出家門？或是交還給生父？無論何者，都不是容易做的抉擇。

還曾經接過一通委託電話，是一位妻子想要蒐證老公有沒有外遇。一般聽到這樣的開頭，很自然會推測女性是受委屈的那方，老公選擇背叛，找上外面的女子。

但是在對談過程中，我恍然大悟。原來她想蒐證的原因是丈夫發現小孩不是親生的，向她要求分居，並且不願意再給扶養費，所以她認定先生也像她一樣有外遇。找到證據，是為了平衡她自己犯的錯。

人在感情裡總是盲目，沒有確切相愛的理由，也沒有確切分離的原因。有人還愛著卻放棄，有人不愛了還緊抓不放；愛到最後變得扭曲，會嫉妒、猜疑，心生隔閡，漸漸地就成為兩人的束縛。

女人看不見自身的問題，把焦點放在丈夫身上，甚至幻想對方也做同樣的事。若老公確實有外遇，好像她就可以理直氣壯；假設先生沒有外遇，她想的也是自己沒有立場指責，而不是老公有多愛她。

發生過就會成為事實，而事實永遠凌駕謊言之上，這是不變的道理。我能提供的只有很多的溝通，給當事人勇氣讓傷口見光，進而有癒合的可能。

也有不只一名男性，發現小孩不是親生的以後，向我們諮詢能否找到孩子的生父是誰，電話那頭的苦情語調讓人聽了不禁也鼻頭酸酸的。但實際上，如果女方不承認，

根本沒辦法比對小孩從何而來。

遇過這麼多相似的案件，我內心有了一個疑問：

「男人和女人外遇的差異性是什麼？」

據我的觀察，男女出軌的比例差不多，但心態有很大的不同。男人外遇多半是追求刺激，想體驗新鮮感，純粹歡愉，沒有放真感情。但女人外遇卻往往一股腦地把一切交給對方。她們會滋生特別的情誼，年長女性會對男孩產生保護欲，小女孩對成熟男人產生好奇。甚至有好幾件案例是把先生寄存的錢，都拿去支付外遇男人的開銷。

但女人掩飾自己出軌的能力與意識，又遠遠強於男人。

在外遇這件事上，男人往往會粗心大意地留下痕跡，就像童話中要去糖果屋的小孩一般，總喜歡留下一些「麵包屑」給老婆或女友追蹤。女人則通常會小心翼翼，一邊走，一邊回頭擦拭掉足跡，可以巧妙地隱藏起來，讓男人糊裡糊塗地把謊言當作事實。

外遇，在這個時代屢見不鮮。

我常想，如果能好好地結束一段感情，再開始下一段感情，彼此都不會那麼受傷。為什麼要放棄可以溝通與彌補的時候？為什麼要等對方發現，才甘願承認自己不愛了？為什麼背叛比信任還頻繁？為什麼可以允許自己感情重疊，同時愛兩個人？為什麼要因為不正確的感情，牽扯到孩子？是從什麼時候開始，原本美好的感情變得如此混濁了呢？

學會愛上一個人，也要學會放下一個人。

這些委託人來到我面前，都帶著某種堅持，也可以說是某種執念，也許是太愛的執念，也許是太恨的執念……都是害怕感情變質，想要回到當初的樣子。看著這些委託人，我經常感到惋惜。

如果可以，我真希望能用時光機抹去一切悲傷：讓人們不出軌，繼續愛著伴侶；讓孩子誕生在幸福的家庭裡；讓一切回到該有的位置，每個人都有美滿的結局，像童話般快快樂樂。

可惜過去已逝，再懊悔也回不去那時候了。但至少還能改變未來，只要過好未來，也代表過好了過去。

有時會從網路上知道之前委託人的近況，他們快樂的樣子是這份工作最好的成就感，代表我那時候有提供正確的協助，他們也很努力，成功地讓自己變好了。

多年來陪伴著委託人，聽了那麼多故事，我心裡也受到療癒。種種案子，讓我更加珍惜身旁的人，感恩他們一直都在。

但大部分的時候，我是苦思居多，想著該怎麼盡己所能地提供幫助。希望化解悲傷、傳遞幸福的心意，能進入每個人的心裡，讓人重新燃起對人生的期待。

今天我仍一如往常地坐在這裡，等候委託。

買槍

死了，就真的一了百了嗎？

我常常失眠，大多是因為懊悔而失眠。很多無法彌補的悔恨即使過了很久很久，仍會從黑夜裡伸出手將我攫住，狠狠地撕扯；若不清醒，我感覺自己會被撕裂成無數的碎片……

清醒與夢魘的交界有許多影影綽綽的面容，我接下來要說的是其中一張面孔。

某天晚上十點多，接到一通諮詢電話，電話那頭的他說，他想買一把槍。聲音的主人斯文、有禮，卻提出如此特別的要求，令我感到好奇。一如既往，對於每個案件，我都得先問清楚原因。

他是博士，從國立大學的研究所畢業後，到某國家單位擔任研究助理，進行以比特幣為主的虛擬貨幣研究。很快地，他研究出心得，並應用在投資、套利方面，輕鬆賺取了比原本工作更多的報酬，於是他辭去工作，專心研究虛擬貨幣。

有天，詐騙集團的人找上門，希望他運用虛擬貨幣的專業知識協助他們洗錢。在良知與欲望的交戰中，「欲望」的聲量遠遠勝出。他想反正自己也沒真的去詐騙別人，便答應了。

就這樣過了一陣子，他賺到了更多錢，日子過得享受，但他卻日漸感到空虛。

有一天，他接到高雄與台中兩地警局打來的電話，要求他到案說明，案由是「詐欺」。直到那時，他的良知彷如從漫長的迷宮甬道中走了出來——他的腦中嗡嗡作響，不斷自問：「我到底做了什麼?!」

他想到自己是個高知識分子，竟甘為犯罪集團的工具，協助欺詐受害者。加上對刑罰沒有明確的概念，對於法庭與牢獄之災的各種想像湧現，讓他幾乎崩潰。

更何況不知有多少人因他的行為，畢生積蓄可能就此消失，生活陷入困頓？……

龐大的愧疚感與罪惡感侵蝕腦袋的各個空間，於是他想死。彼時，他只想得到這個方法。

「我怕痛，又怕過程煎熬，只想要走得輕鬆點。我上網查過了，朝著太陽穴開一槍是最快、也最乾脆的方式。」

說著這樣的內容，他的聲音卻帶著笑。

「我覺得死後，一切大概就能夠歸於寧靜了，什麼也不必管，也不必再煩惱什麼……所以我需要一把槍。先前我打去另一家徵信社，請他們幫我買槍。對方開價二十萬，我錢付出去了，沒想到過一週後再問他們槍來了沒，卻被數落、嘲弄，說我有病。」

的確，這是許多不肖同行的不良慣例：收了委託人的錢，將對方「乾洗」一番，拿了錢卻不辦事。但就算遇到這種情況，感到憤怒與不滿，卻絲毫不影響他的求死心切。

「我又商請另一家知名的徵信社替我買槍，這次對方開口五十萬。付錢以前，他們非常客氣，可是當我真的付了錢，問他們何時可以完成，他們卻惡狠狠地回我：『你等就對了，不要問那麼多！』掛了我電話。每次我傳訊息去問情況，就是被罵。」

突然有片刻停頓，然後他接著說：「我看到博哥你的部落格和網站，覺得你應該比較可信，所以想委託你幫我買槍。」

我心情複雜地聽他說著這段故事，不知該因為被信任而感到開心，還是要為這件棘手的案子頭痛。

和另外兩間徵信社一樣，我也狠狠數落了他一頓，不希望他如此了結生命；但不一樣的是，我並沒有答應幫他買槍。

我告訴他：「兄弟，你聽起來還年輕。明天跟我去一個地方，你再決定要不要堅持尋短吧。」

他沉默幾秒後，答應了。

隔天，他來到辦公室與我碰面。樣貌清秀、氣質斯文的他大約一七〇公分出頭，頭頂著稍嫌過時的中分頭，眼睛則是清澈的黑白分明。要不是前一天深夜曾聽他敘說，我怎麼也想不到這樣一位看來大有可為的年輕小夥子，會想拿槍轟掉自己的太陽穴。

我沒特別說什麼，只請他搬起地上的米袋與一箱金庸小說，跟著我上車。

「我們要去哪裡？」他問。

要去哪裡呢？我固定會訪視幾家育幼院。其中有一所位於大園，有一次和那裡的孩子們聊起金庸的武俠小說，很可惜他們沒聽過，而其實平常他們也沒什麼課外讀物可以看。我覺得金庸小說裡面廣袤的武俠世界、蘊於字裡行間的俠義精神和豐沛靈活的詞藻運用，或許可以增添孩子們對課外讀物的興趣。所以這天就是要跟他去這家育幼院送書和一些物資。

在路上，我跟他剖析「買槍」這件事。

「你知不知道，賣你一把槍會有多少困難？」

顯然，身為高知識分子的他查到了他能夠接受的自殺方式，卻沒有查到我問的這個問題。

「假如你真的透過某個管道買到槍，再用這把手槍自殺，檢調單位一定會追查手槍的來源。若是我們公司的一個夥伴幫你買到手槍，而最後不幸被追查到槍枝來源，你猜猜公司要付出多少成本？」

他一臉茫然地搖搖頭。

「從偵查、地院、高等法院到最高法院的律師費，加起來至少二十萬元。另外，賣槍給你是五年以上的重罪，即使獲得減刑，在沒前科的情況下也至少會被判兩年以上。除了要給他一筆豐厚報酬之外，每個月少說得給三萬五的安家費，那兩年下來要多少錢？至少是你找的第二家徵信社所收款項的三倍以上。更何況公司還必須有利潤。」

一連串地數算到這裡，我問他：「那麼，你覺得徵信社有可能接下你這件既可能吃刑責、還會賠錢的委託案嗎？」

畢竟賠錢的生意沒人願意做。我嘗試從生意的角度分析給他聽，他若有所悟地點點頭，表示了解。

「再來，兄弟，你的案子其實不難處理。因為你沒有前科，而詐欺罪不算是重罪，即使被起訴，只要跟受害人和解，很可能可以緩刑；即使無法和解與緩刑，也很有可能易科罰金。就算你真的不幸被關了，也很快就能去外役監服刑，不用太久就出來了。」

副駕駛座的他聽著，似乎有了點精神，更專心地聽我說。

「出獄後，只要你願意，歡迎來我這裡大展長才，從一個業務開始慢慢做起。到時候，你可以在這個行業發光發熱，好好地讓那些騙你的業務知道你的能耐。」

他聽了，開始饒有興致地詢問起關於徵信工作的許多問題。

不久，我們抵達育幼院。

眼前這些帶著天真笑靨的孩子們背後，卻有許多令人鼻酸的故事：被父親、或母親的男友性侵；父親長期坐牢，而祖母罹患重病、母親無力照顧；還有長期家暴下的受虐兒……我輕聲地對他說。

接著我問他：「他們都那麼堅強又努力地活著。你好好的，為什麼卻要尋死？」

最後我請他幫一個忙，藉由他的雙手，把那套金庸小說交到育幼院老師的手上。而我明確地看到在那一刻，他的眼中閃爍著光芒。

但我仍不確定那光後面的念想。

回程的車上，我告訴他可以替他安排一位許律師，幫他處理訴訟問題。「我們先一起好好把官司打好，再一起看怎樣譜寫之後的人生。」

他也熱情地告訴我，他非常想在未來與我共事。

「你會開車嗎？有沒有駕照？總不可能來當業務，卻是老闆開車載著出門跑業務吧。」我說。

「我還沒有駕照。」他有點失望地回答。

「那你先去考駕照吧，考到了就來找我。」分別之前，我這樣告訴他。

因為工作繁忙，我沒再特別記著這件事。直到兩個多月後，與許律師談事情時，許律師主動提起他。

「你還記得之前介紹給我的那個被詐騙集團利用的年輕人嗎？」

「記得呀。他的案子後來怎麼樣了？」

「他的案子獲得不起訴處分。」

這不是很棒嗎？我心想。

「但是他的母親後來打給我，說他被發現吸氮氣身亡，並且所有現金與新買的手機都不見了。檢察官相驗之後，以自殺結案。」

我聽了，完全說不出話來。

這個年輕的生命，竟然早已歸零在氣體鋼瓶中……

當晚，我蒙著棉被嚎啕大哭，不斷想著：

「如果我當初不管他有沒有駕照，請他先來上班，說不定他就不會選擇自殺……」

「如果我後來再持續地關心他……」

我猜他終究還是找上了同業，請求他們協助終結自己的性命。可能是等待訴訟的過程太煎熬，又或者是什麼樣的念頭魔上心緒，走不出來，加上若遇到不肖同業推波助瀾……總之，絕對不是往有光的那面走。

在徵信這個複雜的生態圈裡，我時常對人性感到失望與無力，其實也數次萌生尋短的念頭。

還記得在電話中，我倆曾簡短地爭辯死後的樣態。

他說：「死了以後就輕鬆了，回歸虛無，一了百了。」

我則告訴他：「死的那瞬間，可能會對線性的時間失去感知，結果那過程變得無限漫長，切成無數個小點，無止境……」

畢竟活著的人，誰也沒有真正死過。

直到現在，我偶爾會打開他的 LINE 大頭貼，看著他的臉，問他：

「死了，就真的無事一身輕了嗎？真的一了百了嗎？」

沒有答案。

她為何不離開？

我只能眼睜睜地看著她繼續載沉載浮……

入行以來，接到許多婚外情蒐證的案子，客戶往往希望能找出實證，有助於和另一半攤牌並訴請離婚。

其中卻有一個讓我既心疼又無力的案件，證據明明都攤在眼前，當事人卻始終不肯離婚，只願持續地忍受先生的家暴、外遇。我只能無奈地看著她在苦海中載沉載浮，什麼也幫不了。

一天下午，有位氣質典雅的美麗女性走進辦公室，穿著一身暗黑，眉間透著憂鬱。一聊才發現她是我同一所大學的學妹。外文系畢業的她，婚前在補習班教英文，婚後便辭去工作，重心都放在丈夫和兩個年幼的孩子身上。

她的先生出身望族，父親有雄厚的財產，但尚未移轉給他，僅以信託的方式，每年撥出少部分金額到他的名下。

身為建築事務所行銷專員的丈夫工作忙碌，早出晚歸。他常向太太抱怨經濟拮据，爸爸又不願意多給資助，因此每個月僅能給她八千元作為家用。

對於先生的情況，她很能體諒。她相信丈夫總有一天能夠飛黃騰達，加上公公有大筆的財產，即便目前生活辛苦，但遲早會有苦盡甘來的一天。

不過，日子並未如她所願地順遂下去。

某天，外出跑業務的先生將近半夜十二點才回家。先生很快便熟睡，她在昏沉中，被突然亮起的手機螢幕吸引了視線。先生的手機跳出一則訊息：「你今天弄得我好痛喔！但我還是好想你。」

她屏著氣，顫抖地點開手機——先生自以為密碼設得天衣無縫，但其實她早就猜了出來。映入眼簾的是充滿情色的對話及照片，是一個年約二十出頭的俏麗女孩所傳來。

她繼續點開對話紀錄，一路往上滑，發現丈夫租下一間三房兩廳的小豪宅，每個月房租高達五萬元，包養了這個大學剛畢業的女孩。

她愣住了，不敢相信這種事情會發生在自己身上！

婚後與她住在兩房一廳的小公寓裡、老是抱怨錢不夠用的先生，居然為另一個女人花了大筆的鈔票！

她徹夜難眠，但並沒有質問丈夫為什麼背叛自己，反而覺得情況變成這樣，一定是自己哪裡做得不好所造成。後來，她開始旁敲側擊地向先生探問：她是不是不夠溫柔？是不是脾氣太差？但是先生總是顧左右而言他地說她「想太多」。

直到有一天，她終於再也壓抑不了懷疑和痛苦而決定找先生攤牌，揭露在他手機裡看到的一切。

讓她訝異的是，先生聽了非但沒有半點愧疚，反而狠狠地拍桌，惱羞成怒地質問她為什麼要侵犯隱私。

「我在外面賺錢這麼辛苦，為了家付出這麼多，還買了房子給你住，你為什麼不信任我，要偷看我的手機？」先生那惡狠狠的模樣是她從未見過的，簡直讓她嚇傻了。

「你每個月花五萬塊租房子給小三，更不知道花了多少錢包養她，竟然有臉對我說這種話？」原先她想這麼吼回去，但話到了喉嚨卻又硬生生地吞下。就這樣，任由丈夫發瘋似的辱罵、貶低自己。

從那天開始，先生只要在家，就不斷地對她說些不入流的話語，更動輒在孩子面前捶牆壁、摔杯子；半夜小孩哭鬧，先生更指責就是因為她連孩子都帶不好，才把他逼去外面。

到後來，先生索性以「孩子哭鬧讓他睡不好」為藉口，根本不回家。

即便到了這地步，她卻還是不斷地忍耐，以為只要堅持下去，終會守得雲開見月明。

然而，許多家暴事件如涓涓細流匯成大海，若不能防微杜漸，終會惡化到無可挽回。

過年前夕，丈夫叫她不准跟自己回老家。儘管她苦苦哀求，發誓自己絕對不會對公公婆婆透漏一絲一毫，只是希望能夠回婆家盡份孝心，丈夫卻愈聽愈不耐煩，最後甚至掄拳朝她揮來。

一陣暈眩之下，她終於決定來到徵信社，尋求我們的協助。

我們徵信社有一個原則，面對家暴、單親的案子，我們會召開內部會議，決定是否要酌減費用，甚至有時會免費為當事人蒐證。而在聽完她的經歷，並經過內部討論之後，我們決定免費扶助她的案件。

我們派出調查員追查她先生的行蹤，發現他確實包養了一個女人，而且毫不避嫌，出入獅子會、扶輪社等公關活動時，都親暱地帶著那個女人一同前往，完全沒有要掩飾的樣子。

然而，這還不是最令我們訝異的。

我將所有證物交到她的手上，建議她提離婚訴訟或是到警察局提報家暴，卻全被她婉拒。

此後，她仍不時打電話給我，說她先生「今天脾氣又來了，等等回家一定又會對我拳打腳踢」等等。即便如此，她卻始終不願意讓我們派至她家門口守候的人員破門而入，或是協助報警。

我忍不住問她：「情況都到這樣子了，你為什麼還不死心？」

她給了我一個令人詫異的答案：「正因為情況到了這樣子，所以我要等到他繼承遺產，再等他比我早死，讓我有花不完的錢好好地度過餘生，我才肯罷休。」

多少次，我苦勸她：「難道你就願意在孩子面前被打？」「孩子長大了，可能也會學你先生一樣對別人動手動腳。」「你就這麼肯定丈夫一定會比你早走？」卻怎麼樣也勸不動她。

我隱約猜到，可能是她已經習慣了這樣的生活，不相信自己還有能力出去工作，不相信自己還有能力覓得其他良人。她寧願每個月領著先生施捨的八千元餬口，也不願意離開眼前這段早已爛透的關係。

到後來，她再打電話來找我求救，我也不願意接了。

有的時候，我感到既納悶又難過：為什麼有些客戶寧願追求一個虛無飄渺的東西，寧願活在一個痛苦的環境，也不願意跳上我們駛來的這艘救生艇？最終我只能眼睜睜地看著他們繼續載沉載浮，無力地慢慢地將船駛離。每每遇到這樣的案件，都帶給我極大的心理壓力。

在此奉勸各位，每一段感情或婚姻都需要設立一個「停損點」。畢竟靠山山倒、靠人人跑，再多的協助，都比不上自己決心站起來的那一個「轉念」。

我曾經騙了那女孩

一開始追求她，只是為了執行「任務」……

有時不小心碰觸到某個「開關」，你的腦袋像是瞬間被雷擊，被關在角落鐵箱的一段段回憶有如浪潮般襲來。有天看到一部舊片《海防最前線》（The Guardian），我就瞬間被打入回憶的漩渦，想起當年一起看這部片的女孩圓圓。

當年為了調查工作，我曾經騙了那個女孩……

初入徵信社時，身為菜鳥的我自然是最好使喚的對象，加上忠誠度高，對於長官與前輩的要求不但使命必達，還常常超額達標，所以長官時常派發困難的工作給我。

「阿博，你下午有沒有事情？」主管又在找我。

這回派給我的神奇指令是「去跟一個女孩搭訕，最好能和她交上朋友」。既然是工作，我沒多問，拿著一張很模糊的照片，記下她的姓名和工作的幼兒園地址便出發。年輕時的我自認為帥氣，外加臉皮厚、嘴巴甜，我心想既然要做朋友，「那乾脆直接『把』起來」。不過即便臉皮再厚，手捧著鮮花站在幼兒園門口時，往來的老師、家長，甚至孩子們的詢問，仍讓我滿臉赤紅。

終於，那個叫「圓圓」的女孩出現了。見捧著花的我直衝著她笑，她有些訝異。確定她的身分後，我以誠懇的語氣說出開場白：「我知道很突然，但我覺得今天再不來，就沒有機會了。」圓圓聽了，靈動的雙眼眨了眨。

「該死！她也太可愛了！」我暗想。身材嬌小的她配上及肩長髮，那吸引人親近的氣息真的令我瞬間心動……但我突然想到：「不行，我還有工作得完成！」

我半真半假地解釋，有一次看到她帶著小朋友玩，就為她著迷，後來幾度經過都想著能否遇到她，卻都失望了。如今決定結束雞排攤，返回老家，自忖如果再不主動出

擊就沒機會了……「所以我才突然這樣出現，希望你不會被嚇到。我是真的很想認識你，想和你做朋友。」

我嘴巴像機關槍似的一直說，而圓圓只是帶著一抹微笑，溫柔地看著我。最後我鼓起勇氣問：「我可以跟你要電話嗎？」頓時真的感到心怦怦跳。

「可以是可以，但我白天上課時，你不可以打來喔！」

拿到了！圓圓把她的電話給我了！滿滿的成就感讓我差點忘記這只是工作。

向主管報告任務進度時，忍不住好奇地問為什麼要找她搭訕。主管回答得很含糊，只說她是客戶委託的調查對象，把我安插過去好監控。

我不解：看起來很單純的圓圓，怎麼會被人調查？

殊不知，單純的是我。

圓圓大我五歲，擔任幼兒園老師的她生活很簡單，每天就是「兩點一線」：家和學校。我倆的感情快速升溫。我早就忘記這是工作，因為我徹底愛上了這個女孩。

但我察覺到，每當主管聽說我要和圓圓約會，總要我告知約會行程。有次在約會時，發現有認識的同事從遠處拿著大砲相機在偷拍，我找個理由暫離去問他為何偷拍，卻得不到明確回答。

只能問下命令的主管了！

隔日找上主管追問，最後終於得知真相：委託人是個有錢的教材老闆，他和圓圓工作的幼兒園有合作，兩人因此認識，圓圓成了他的外遇對象。不過，後來圓圓主動提出分手，老闆認為她可能另結新歡，氣憤之下來委託我們調查。

但圓圓的生活十分單純，跟拍也拍不到什麼，所以主管想出要我去搭訕的詭計，才有機會後續多賺老闆的錢。

「你要我去搭訕，是希望捏造圓圓另結新歡的假象給客戶？」

「我也沒有造假啊，你不是真的追到了嗎？」

面對主管的詭辯，我實在不知如何辯駁。同時心裡又受到極大的衝擊：圓圓怎麼會成為小三？

就在這時，主管又給我第二波衝擊：「對了，之後我會設局讓你被扁一頓，先跟你通知一聲，你擔待一下。」

啊？要找人揍我？

原來是主管近期會向客戶報告跟蹤的情況，打算把我和圓圓約會的照片交上去之後，煽動客戶是否要出錢「找人發洩怒氣一下」。

我很清楚他是標準的傳統徵信業者，想盡辦法要榨乾客戶。以往我都冷眼旁觀，然而當事情竟然發生在我身上，令我傻眼：怎麼會有人出賣下屬還一副理所當然的樣子?!也在這個時候，我深刻地認知到，貪婪與仇恨實在是深埋於人性的兩大因子。

幸好，委託人聽了調查報告之後，異常灑脫地說：「既然是交了男朋友，那就這樣結束了吧。」

這也表示，我的任務到此結束。

我一方面鬆了口氣，還好避開了血光之災；但另外一方面，壓力隨之湧現。

我真的很喜歡圓圓，但從一開始的搭訕到交往，過程中對她有太多欺瞞。並且，我無法不在意圓圓曾經介入別人的家庭。種種的壓力轉換成千絲萬縷的思緒，不斷地在腦袋中衝撞著。

看起來天真爛漫的圓圓，心思其實非常細膩。她看出我陷入了很大的煩惱，一如往常地溫柔關心著，罪惡感卻突然像浪潮來襲般衝撞著我的理智……

聽我坦承了一切，她大哭起來。我第一次看到這樣崩潰的圓圓。

她真的愛過那個教材老闆，但是交往一段時間後，才知道他不僅已婚，還有一個小孩。得知這一切，她迅速切斷那段不倫戀情，沒想到竟然被欺騙至今……

心很痛。我真的很愛圓圓，但是一開始基於不良企圖接近她是事實，我欺騙了她，也是事實。

最後，圓圓終於停止哭泣，反而問我：「還要不要繼續在一起？」

聽到這句話，我如同遇到大赦，只差沒跪下謝主隆恩。我點頭如搗蒜，強調自己對她的愛是真摯的，如果可以，當然不希望就此分開。

「要繼續在一起可以，但你以後不能再隱瞞我任何事情。」這是圓圓的條件，而我當然義無反顧地答應。

事實上，我也真的做到了：向她告知每日的行程；與身處正常世界的她分享工作中那些顛覆她的價值觀、但又好笑的故事。

我甚至帶圓圓去公司。主管一看到她就緊張地把我拉到一旁，罵說：「你帶她來公司幹麼？就不怕她和委託人復合後，跑去爆料我們的事嗎？」我只笑了笑。能夠理解主管為何這麼想，因為對人無法誠實以待的他，也不相信任何人。

當時的我是真的深愛著圓圓。但是這份愛意並沒有讓我走入婚姻，當時的我才二十二歲……

分手之後，我們沒有任何聯絡。

●●

圓圓，你現在過得好嗎？

寫下這一篇，是想對你說：

「對不起，我曾經騙了你、傷害你。希望現在的你，能夠幸福。」

二、奇妙的委託

在這一行待得愈久，「價值觀」的偏差是最大的隱患。
各式各樣的誘惑會不停衝擊自己原則的框架，時刻考驗我們的定力。
在沒有絕對的對與錯的混沌世界裡，何謂「正確」的事？
又應該如何堅持做「對」的事？

徵信社的特別服務：代客教訓

這樣做是傷天害理嗎？那些道德標準又該怎麼定義？

徵信社的服務項目五花八門，同業之間流傳的「特別服務」也成了彼此心知肚明，不能說的祕密。這篇就來聊聊這項「代客教訓」的特別服務：當事人有需求，但出於各種不能、不妥、不願自己執行的情況，小至騷擾、大至激烈舉動，從惡整到教訓，徵信社都有可能代客完成。

看到這裡，許多人可能覺得：「夭壽喔！怎麼淨做些傷天害理的事？」

其實徵信業者不會自詡是好人或正義使者。既然是經營公司，只要有需求，就有市場，業者則盡可能地以道德標準來評估是否接下案件。有些實在不妥的，會選擇勸退對方；不過有時聽了內情之後，卻是一種同仇敵愾的感覺。

接下來的這個故事，就是以前聽同業朋友聊起的一件「同仇敵愾」案子。

一天晚上，公司收到詢問：「請問你們有沒有打人服務？」朋友和同事便與委託人約在咖啡廳見面，進一步了解情況。

委託人是年輕的女孩喬，眉清目秀，皮膚白皙，笑起來帶著淺淺的酒窩，說話斯文，但那雙空洞的眼卻彷彿被抽乾了靈魂，毫無生氣。

「代客教訓」這項委託，實在很難與她聯想在一起。

她開始述說自己的故事，卻像談著別人的事情一樣淡然，沒有激動、憤恨或悲傷，也沒有期待。是一種「心死」的狀態。

「我想請你們幫我教訓一下我男朋友……喔，是前男友了。」

這種男女的恩怨情仇需要付錢找徵信社？但看著喬那空洞的雙眼，朋友心想，也許背後有什麼沉痛的故事，才讓她不惜這麼做吧……

他是喬的初戀，兩人從剛上大學就在一起了，四年間黏得很緊，難分難捨。畢業後，喬回到家鄉，成了上班族，他則在另一個城市的飲料店打工，相距幾十公里，無法像念書時那麼頻繁地見面。

很快地，他在飲料店搭上一個「嫩妹」同事。他好像也不怎麼瞞著喬，和嫩妹約會、甚至過夜……喬都看在眼裡。她氣憤又難過，不知道該怎麼辦，卻在這時發現自己懷孕了！

男友有了新歡和自己肚裡有個新生命，讓喬在這段感情裡顯得好無助。但她想起男友曾經承諾，如果懷孕了，就把她娶回家——抱著最後一絲期待，她開口問：「這個諾言，你現在還會兌現嗎？」

她希望男友像個男人一樣地點頭說「是」，即使他已有這次的不良紀錄。但他只回：「你讓我想一想。」一句話讓傷透了的心又涼去半截。

從此以後，他卻再也沒有給她任何答覆，無論叫她「把孩子拿掉」或是說「生下來，我照顧你」，都沒有。日子一天拖過一天，直到懷孕三個多月，喬終於再也無法隱忍。

她直接來到男友工作的地方，約他和新歡出來談判。

「你要不要說清楚，現在到底要怎麼處理這個孩子？」喬問。

「你煩不煩？裝得一副受害者的樣子。是我逼你的嗎？你自己不是也愛？」

他冷淡的態度更將她原已涼透的心打入極地。她像個溺水者，拚命掙扎揮舞著質問的言語，微凸起的肚子是這場溺水中最後支撐著求救的力氣。男友的新歡像在一旁看戲。自己交付出四年青春的渣男，以辱罵她來展現男子氣概和對新歡的忠心。

「你知道他有女朋友嗎？你知道他把人家的肚子搞大了嗎？」喬激動地想抓著那女孩問個清楚，即使明知答案誰也說不清——就在這時，男友卻為了保護新女友，一腳踹向她……

當晚，喬流產了。是因情緒過於激動？還是因為他踹向自己肚子的那一腳？她找不到答案。

在氣氛溫馨的咖啡廳裡，喬淡淡地說著一點都不溫馨的故事，顯得有些諷刺。

「其實要去找他的時候，我就已經不打算把孩子留下來。但怎麼可以是被親生爸爸踢走的呢？我不能讓孩子這麼白白地走掉……」

她要為孩子教訓那個不負責任的男人。她必須這麼做。

喬多次提醒他們，「渣男」以前是拳擊社的，非常能打，最好多找些人。不過，對於身經百戰的徵信業者來說，這只是聽聽而已，畢竟社團練習和實戰經驗可是有天壤之別。

開始的第一步就是查清對方的底細：他住在鄉下一棟矗立在田中央的透天厝，單純的農家子弟，沒有背景，也不具備報復能力。

確認資訊後，便展開第二步：雖說對方背景單純，但還是特別準備了一些保護用的防震器材，以防萬一。

一切準備就緒，他們選在沒有監視器的一隅展開行動。見渣男騎車出門，先開車把他逼進田裡，接著一群人輪番揮拳往他身上掄。原以為拳擊社的他會有些男子氣概，沒想到第一拳就讓他驚慌地問他們是誰，第二拳開始哭爹喊娘地求饒著：「不要打我……」

渣男的哭喊劃破田野間的青草氣息，土壤中飄來陣陣滋養的糞肥，也不確定是他身上的渣味，還是農人精心調配的有機肥。

他們將錄下的影片回報給喬後，案件告一段落。

一般來說，這種「服務」由於情況特殊，至少約需二十萬元報酬，但因為喬才剛開始工作，而且遭遇令人同情，因此那次的費用收得不高。

「另一方面，就當作是教訓那個『男人的恥辱』！」朋友義憤填膺地說。

後來喬過得怎麼樣，他不曉得，但希望幫助了她可以面對往後的人生，繼續走下去。

這樣做是傷天害理嗎？那些道德標準又該怎麼定義？

對許多人來說，代客教訓確實有其必要性。因為有時傷痕一卡就是三、五年或甚至更久，遲遲未舒的一口氣像扎進腳底的一根刺，讓人跨不出去，也走得不穩，只能在夜深人靜時，反覆地問天、問地：「那個人怎麼還沒遭到報應？」

或許有人會說「上天自有安排」，但那一刻又該等到何時？

我們都沒有多少時間為自己的人生奔跑，有時候需要找個方法，不再讓某個爛人繼續糾纏於午夜夢迴，浪費自己的寶貴生命。

子女行蹤調查（一）：掛心

為了從「毒姐」身邊拉回孩子，我們商請公司的顧問「浩南哥」出場……

徵信社有一個鮮為人知的服務項目：「子女行蹤調查」。

父母對孩子的擔憂永遠是矛盾的，一方面不可過度，以免一不小心超越界線而變成情緒勒索，但又怕失了關心。就像一把懸在脖頸上的利刃，令人小心翼翼，深怕一個閃失導致親子關係「血流成河」。

「父母」這角色實在是上天賦予人們的最大考驗。

這一篇的故事，或許有人看了會痛罵家長是控制狂，但我們否定不了父母的愛和無助的心。因此，希望正在看這篇故事的讀者們可以多點體諒，又或者有所體會，面對自己的親子關係可以多試一些方法，以彼此最舒適的節奏，用「愛」共譜出和諧的家庭樂章。

前來委託的這對家長，父親是高階主管，過去長年隻身在大陸工作，前一段時間調回台灣；母親是家庭主婦。

「我們家阿傻從小就比較安靜，雖然成績不算理想，但也中規中矩地沒出過什麼狀況。平常他都是宅在家裡打電動，偶爾和朋友去網咖。他的朋友也就那幾個，我看都不是什麼歹子。這學期升大二，看同學都在打工，他也去找了個兼職。啊！好像自從開始打工之後，他整個人變得很奇怪……」傻媽一股腦兒地向我們匯報兒子的習性，語氣急躁，感覺有點神經質。

聽起來，阿傻單純的宅男生活是從幾個月前起了變化。父母與兒子的交流，停留在阿傻到快餐店打工時認識的一個姐姐。

傻爸接話說：「他說他工作的地方有個三十歲出頭的姐姐，很照顧他，常請他喝飲料。我太太常看阿傻穿新衣服、背新包包，他都說是那個姐姐送的禮物。那個女人已經結婚了，先生在坐牢。也不知道對方是怎樣的人，但我兒子確實是從認識她之後才開始不太對勁……」傻爸說話和緩，卻帶著滿滿的無奈。

邊聽著兩人繼續述說，我腦中邊開始拼湊線索：一直以來沒接觸過太多異性朋友的阿傻，或許就是從認識「姐姐」後，迎來了夢寐以求的春天……

孩子總要真正長大、獨立，這一切看來再正常不過，夫妻倆帶著欣慰、期待，卻又隱約有幾分直覺性的擔憂。某天，傻媽拆洗家裡的被套時，在兒子的枕頭下發現一個類似即溶咖啡包的小袋子。她覺得奇怪，便拍照存起來。

「就是這個……這是咖啡嗎？」

仔細看了那照片，我說：「可能是毒品，就是所謂的毒咖啡包。」

「毒咖啡包?!怎麼會這樣？」傻媽的高八度音差點震傷我的耳膜和心臟。「一定是因為他打工認識的那個『姐姐』啦!自從認識她，我兒子就變得很奇怪……」

傻爸則是全身緊繃，沉默不語。叱吒職場多年，面對兒子的事，他卻似乎無能為力。

知道兒子可能藏毒，焦慮縈繞在這對被嚇傻的父母深鎖的眉頭。孩子彷彿正站在海面一片薄而窄的冰塊上，搖搖欲墜——他們若太靠近，怕讓孩子漂走；離得太遠，又怕搆不著，只能眼睜睜地看著孩子跌入深海。

「最重要的是我們現在要先了解，在你們看不見的時候，他到底都去了哪裡。」

我一面安撫著這對憂心忡忡的父母，一面展開調查行動。

從阿傻打工的快餐店著手，我們對這位「姐姐」展開進一步的調查：她有吸毒前科；牢中的丈夫除了持有毒品的案底，還有妨害自由、恐嚇取財及傷害罪等吸毒者常見的涉犯案件。

這個姐姐，原來是一名「毒姐」。

我們同時也調查阿傻的行蹤，他外宿時都是待在毒姐家中。外觀破舊的公寓，彷彿瀰漫著某種蓄勢待發的氣息，等待人間的生氣一點一滴地陳腐，便將直衝而出，造成毀滅。那像是來自地獄的篝火，就等人們墮落在裡面。

阿傻有時在毒姐家一待就是幾個小時；有時候則是大半夜裡，騎著摩托車在某個範圍內來回繞行，鑽過一條又一條小巷子，不時小心地東張西望，似乎在伺探有什麼可疑的動靜，渾然不知自己其實成了最可疑的那一個。這些行為是毒販交易時常有的表現。

在跟蹤過程中，我們看見阿傻疑似將某件物品交給他人。但由於是自遠處觀察，無法百分百確定是毒品交易，加上父母擔心讓他在司法上留下前科，因此我們並未報警。可以大膽地猜測，毒姐是阿傻情竇初開的對象。試想：如果吸毒的是自己的心上人，那麼毒品似乎顯得沒那麼危險。再加上經過毒販巧妙的話術包裝、扭曲，毒品會不會變得僅僅像是一種平易近人的刺激物？

如何讓阿傻不帶反抗、心甘情願地回歸正途呢？

為此，我們商請公司的顧問「浩南哥」出場。

浩南哥是當地「馬路上」有名的大哥，他假借要感謝傻爸的協助，趁著阿傻也在家時，去拜訪傻爸。這樣一來，塑造出傻爸原來也是「有故事」的人，希望有助於增加阿傻對父親的崇拜。

父親長年不在家，母親又是帶著神經質的高壓式教育，阿傻長期宅在封閉式的遊戲裡，缺乏可以仿效的對象。「毒姐」的出現，讓他感到被肯定、帶給他快樂，他自然會渴望那樣的生活。

與其不讓孩子玩水，不如帶孩子去見識海洋的浩瀚與可怕——因此，巧妙地透過傻爸把兒子引薦給浩南哥，讓阿傻跟著出去見世面，同時也可將他「列管」在我們的眼皮子底下。

阿傻高興地跟著浩南哥到處認識朋友、巡查各個事業，這對他來說是前所未有的嶄新體驗。

浩南哥認真地帶著阿傻認識當鋪這一行，教他從鑑別物品的真偽開始學起，正正當當地賺錢，不以身試法去冒險販毒。並且讓他知道，毒品不僅有毀滅性的可怕，而且真正有頭有臉的「大哥」都是不碰毒的。

不僅如此，看著那些「大哥」們正氣又孝順，阿傻對父母的態度也有了好的轉變。值得慶幸的是，過了一段時間後，他終於漸漸地恢復與父母的關係，並且找了新的兼職工作，靠自己賺正當錢。

事後想想，人好像難免在某個時期對外人百依百順，對於父母的話卻不屑一顧。但這種弔詭的「叛逆」，或許就是所謂的青春？

故事中的父母對孩子究竟算不算一種控制？我沒有定論。但有時我會想：像「阿傻」

這樣的當事人，多年後再回首時，是否會慶幸自己有回頭的機會？也或許在多年後，很多浪子已來不及回頭……

徵信社這項「子女行蹤調查」的服務，有沒有可能是擔任一種引導的角色，幫忙無助的父母多了一個選擇？

無論有什麼樣的可能，最重要的是——父母這份牢牢掛在心上的「愛」，你們是否發現了呢？

子女行蹤調查（二）：被支配的人生

這位母親的每字每句，都令人有一股窒息感……

人們對於人生勝利組有一套公式：含著金湯匙出生，才藝樣樣精通，上好學校，有份好工作，感情關係穩定，家庭和諧，最後再複製同一套模式到下一代身上。

我想，那個孩子就是外人眼中的「人生勝利組」吧。

但他自己是怎麼想的呢？

午後，辦公室的電話響起。話筒中傳來的聲音聽起來有些無助和焦急，是一名中年女性，從她的描述聽得出家境相當優渥。

她請我們幫忙調查她二十歲的兒子。

「我兒子被帶壞了！」她說：「我有三個兒子，都很優秀，但這個老么總是讓我擔心。前陣子他交了女朋友，可是長得醜，功課也不好，根本配不上他！」

她覺得自從兒子和那個女生在一起後，就不再聽她的話，還會欺騙她。

「就是那個女孩帶壞他的！」

聽這位母親一陣絮叨後，我摸出了頭緒：兒子脫離了她的掌控，悖離她的完美想像，她很慌張。但也聽她說，兒子已經和她認為的「罪魁禍首」女友分手了。

「既然分手了，那還有什麼問題呢？」我提出疑問。

她急忙回道：「不是的！他們一定沒有分手，他在騙我！他說最近要跟朋友去南部玩幾天，他一定是要和那個醜女友去！」

她的每字每句都令人感到一股窒息。但我接下了這件委託案，因為我真的滿好奇，那個孩子究竟是如何在這樣的「愛」中長大的。

要調查她兒子是否偷偷與那個「醜女友」出去，採用跟監調查是最合適的。

出發當天，調查員尾隨他一同啟程：搭高鐵、抵達目的地、租機車、入住民宿、吃當地的小吃……是挺充實的一趟行程。

在過程中，他不斷向媽媽報備：「媽，我和朋友會合了，現在要搭高鐵。」傳了張高鐵的照片；「媽，我現在和朋友吃這邊有名的小吃。」接著又傳了張小吃的照片。做任何事情前，這孩子都會向媽媽報備，告知當下的行程或活動。從外人的角度來看，這就是個媽寶。至於旅遊行程上，也沒有什麼異常。

只有一個詭異之處——從頭到尾，他都是一個人。

「沒有傳說中的女友，也沒有所謂的朋友。從上高鐵、入住民宿到騎車出遊，他都只有自己一個人。」

我們這樣回報，母親卻覺得我們在騙她，因為兒子傳給她的照片中，桌上有兩杯飲料。這孩子很細心，為了拍照給媽媽看，就真的買了兩杯飲料放在桌上，塑造假象。但我們的調查員就在現場，自始至終都觀察著他。

「我就知道。你看，他交了那個女友後就變壞了，會騙我！」母親的回答令人哭笑不得。接著她說：「再跟一天，他一定是要和那個女朋友見面！我要看他們是不是沒分手。」

她到底想證明什麼？是證明他們真的沒分手？還是證明兒子真的被帶壞？

隔天是同樣尋常的旅程、持續的報備，他似乎去了很多想去的地方、吃了很多想吃的東西。調查員說男孩看起來頗為輕鬆自在。長久過著被編排好的人生，藉由這趟出遊來安排自己的旅程，對他來說，或許是相當短暫而珍貴的救贖。

將近傍晚時分，他騎到海濱，將機車停下。調查員傳來即時攝影畫面：他獨自走在岸邊，來來回回，孤零零被晾在一旁的摩托車似乎也染上了憂愁。看著那輛車，我突然有種它不會再被牽回的不好預感。

見他走得離海愈來愈近，我很怕那最壞的狀況出現，要求調查員更改行動策略，不要怕曝光，也不必再拍畫面，盡可能地接近他，準備情況一不對勁就可以立刻行動救人。

後來調查員回報，直到夕陽西下，他都靜靜佇立，一直在看海，最後才低著頭返回摩托車旁。

過了一陣子，又接到那位母親的委託，她說想要安排一個女生去接近他，看這個老么「忠不忠誠」。

我問她要她的孩子「忠誠」什麼，她回答不上來。

於是我提議：「要不要多找幾個女孩，看看他喜歡哪一個？」

但她一口回絕，因為她只要指定一種類型。「我知道我兒子喜歡什麼樣的女生。」

我苦笑著拒絕了。

「我覺得你可能什麼都不知道。」心裡的這句話，沒有對她說出口。

人生盡數活在受支配之中，究竟是什麼感受？

那時調查員跟在男孩身後，錄回他生澀地騎著機車的影像，搖搖晃晃，讓我們看得膽戰心驚。他母親看到畫面時卻說：「你看，我就告訴他機車太危險。好幾次他說同學要騎車夜遊，我都叫他開車就好。」實在不知道是我還是她劃錯重點。

她以為的母愛，卻充滿著令人窒息的期待。而內心柔軟的孩子不願傷害媽媽的心，只能不斷地在自己的人生和媽媽的愛之間拉扯與吶喊。兩人懷抱著各自的孤寂，對峙又相愛。

我常想起在海邊孤零零的他。或許當時他正進行著無聲的反抗，享受在沒有媽媽的世界，奪回自己的主控權？

不知道他過得好不好，後來是否找到了自己的出口？

私刑正義：仙人跳調查案

一次妥協，很可能就是接著無數次的威脅。

對阿敘的第一印象是高挺的好身材穿著合身襯衫，斯文的外表難掩帥氣，加上談吐得體，活脫像從韓劇走出來的「歐巴」，讓人忍不住多看好幾眼。他還是大型科技公司的高階主管，簡直是集高、富、帥於一身。

阿敘找我們調查的案件是「仙人跳」，那是發生於一次買春行動，對象是他找的一位「小姐」。這實在是令人跌破眼鏡的委託案，我們百思不得其解。

有個同事問他：「憑你的條件，為什麼還需要買春？」

「因為麻煩。」他簡單交代。

他覺得交女朋友太麻煩，得應付對方的情緒、張羅需求，甚至還得應付她的父母、朋友；如果分手了，還要承擔情感上的失落和痛苦，所以不如不交。

「找女人簡單多了。」他說。

「那你為何不在交友軟體上約？」我問。畢竟他的條件真是太優質了。

他回答得也很有個性：「我連聊天都懶，速戰速決不是很好嗎？」

但人畢竟有生理需求，為了解決這部分的欲望，他去買春。

阿敘是透過特定的網路資訊物色到一位小姐。對方強調自己是孕婦，他非但沒有被嚇退，特殊的條件反而更引起他好奇。真沒想到這副斯文皮囊下的口味竟然這麼特殊。

兩人見面後，一番雲雨，接著她進了浴室，躺在床上的阿敘仍忘我地回味著。這時有群人忽然衝進房內，不由分說便朝他發起一陣猛烈的暴打！

這群人渾身散發兄弟之氣，操著一口台語像欲展現某種本土情懷，彷彿嗆聲時不說幾聲台語，就無法展現出愛台灣的氣魄似的。

阿敘被揍懵了，耳邊迴盪著來回不斷的大呼小叫。只記得男低音的部分大概是：

「×！你睏人老婆！」、「齁系！」（給他死！）；女高音則是重複獨唱那幾句：「啊～不要打了！」

「抱歉！我真的不知道她有先生……」一群人的圍剿，讓一向只想過簡單生活的阿敘很快便求饒。

「她肚子那麼大怎會沒尪？啊你現在欲安怎處理？」這句話把阿敘問得更懵。

迷迷糊糊之中，這群混混壓著他，直接去提款機領出十萬元現金，還刷他的信用卡買了一支iPhone。同時逼他簽下一張一百萬元本票，作為「睏人老婆」的「賠償金」。

「後來仔細回想，她去洗澡的時候有走到門邊一下子，應該就是那時候把門鎖打開，讓他們進來的……」阿敘回憶著細節，認為這應該就是所謂的「仙人跳」。「其實一百萬給他們也沒關係，錢再賺就有。」這句霸氣的狂語羨煞在場所有人。

但為了不讓歹徒食髓知味，他找上我們，希望能徹底擺平這件事。

「你連那十萬塊和手機都不應該給他們！拿來跟我吃飯，我還能逗你開心。給了他們等於是姑息他們，那些傢伙就會再去騙人！」我說。

有一就有二；一次妥協，很可能就是接著無數次的威脅。我是真心替那十萬塊感到惋惜。

為了讓事件盡快劃下句點，我們依循對方留給阿敘的資料，查出這些歹徒只是吸安非他命的小混混，也就是所謂的「呷藥仔」。對於這些人，根本無須擔心。道上的隱性規則人人皆知，上得了檯面的兄弟是不會碰毒的，畢竟嗑藥易誤事，沒有清晰的頭腦，又怎麼管好兄弟。

知己知彼，百戰不殆。摸清對方的底細後，我們很快便制定戰略計畫，情節設定的三步驟無非是：

第一、了解背景，才能在對方猝不及防的情況下，將其一網打盡。

第二、讓對方了解我們的當事人是有背景，不可被欺負的。

第三、制定合理的策略，讓當事人得以透過法律保護，不被反咬。

在阿敘與小混混如約交付一百萬元之前，我們特意先以「文字訊息」與對方溝通，傳訊寫道：「我們是阿敘的家人，很抱歉得罪了你們。能不能請你們高抬貴手，錢少付一點？」

如預料的，收到對方惡狠狠地回覆：「他睡我老婆欸，怎麼能少！」

「你人都已經打了，可否讓我們少付一點錢？我們真的沒什麼錢。」我們回話。引來對方暴氣地回應：「不要說打，斷他手腳也都是剛好而已啦！」以套話的方式，讓對方再次描述情節，透過文字坦承自己動手打人，之後在法庭上無法否認其罪狀。

交付現金當天，我們相約於市區的鬧區角落，並派出「保鑣」跟隨。不出所料，這引起了對方警覺。

「×你娘！現在系安怎？睏人老婆還敢帶兄弟來？老子斷你手腳都剛好而已！」對方惡人先告狀地以「傳承在地方言」為目的持續叫囂。

「我們這個阿弟仔不懂事。但人你也打了，十萬塊也拿了，差不多了啦……一百萬就不要了，啊你們也不要再來找他，他下次不敢了啦……」

相較於對方以方言相授，我們則是以守住一百萬及要求不再騷擾當事人為原則，進行談判。

一陣談判無果後，雙方在未設監視器的角落發生激烈的身體接觸，引來了警察。一見警察，我方便指控對方「恐嚇取財」、「傷害」。至於為什麼警察沒有特別盤問我

方人馬？面對那一張張「呷藥仔」的臉，你們覺得警方比較會相信誰？

案件的最後，阿敘保住了他的一百萬；同時，那些混混以為阿敘是「有人罩的」，不敢再騷擾他，可說是一件處理得相當漂亮的案子。

這個案子讓我想起《私刑教育》（The Equalizer）這部電影。我要再三強調，它並非完全是正確的觀點，就如同我們做的這些事並非完全正當，但這樣的「非常手段」，對某些當事人來說卻是相當有必要的。

大部分的混混並不一定真能體會法治的嚴謹與刑法的恐怖；而對受害的當事者來說，報警後會不會遭受更劇烈的報復亦是一大隱憂。我們的存在，至少讓當事人知道還有其他的選擇，使其面對威脅可以不用害怕。只要我們也認為這是應該且適合執行的事情，就會義無反顧地去做。

私刑正義，到底正不正義？端看你有沒有需求。

小心教練：豪門綠光事件簿

「他竟然背著我和他老婆，在外面還有其他女人！」我們的貴婦委託人妒意沖天。

徵信業待久了，隨著接觸的事件愈來愈多，再怎麼光怪陸離的案件，在我們眼裡也成了司空見慣的事。相較於大眾認為我們可能會面臨法律問題、人身安全等風險，其實在這一行待得愈久，「價值觀」的偏差，才真正是最大的隱患。各式各樣的誘惑會不停衝擊自己原則的框架，時刻考驗我們的定力。

在沒有絕對的對與錯的混沌世界裡，何謂「正確」的事？又應該如何堅持做「對」的事？

這次的委託來自住在價值幾千萬豪宅裡的黃太太，說她是貴婦恐怕也不為過。她找上我們，希望我們幫忙調查她先生。

據她表示，「先生」是私人游泳教練，因工作所需，常需要進出各大豪宅，教豪門小孩或太太們游泳、健身。但「先生」常常消失、找不到人，讓她相當困擾，因而決定來委託我們。

聽到「豪宅」的當下，我們便知道這不是件容易的案子。畢竟之所以為豪宅，表示除了奢華裝潢外，高度隱密性也是其最大價值所在，這當然大大提高了調查難度。

即便如此，一段時間後，我們還是拍到這名游泳教練與其他幾位女性的「親密」照片。

只不過，整個查案過程中隱約浮現的一種古怪感，讓身為徵信社阿宅的我嗅到幾分不尋常。

我問客戶：「你老公回家後，有說什麼嗎？」

見她支支吾吾地答不上來，我心中的猜測一點一滴地獲得證實。

「其實，他是我孩子的游泳教練，我也不知道為什麼就……」

果不其然，在我們誘導式的詢問之下，黃太太眼見瞞不住真相，終於脫口承認：這個身為游泳教練的「先生」其實是自己的外遇對象，而游泳教練也有老婆。

雖然證實了內心的猜測，但當聽見她一字一句地陳述時，心中還是不免一驚。

我勸她：「姐，你自己也有老公，要不就趕快斷一斷吧！為什麼還要糾纏？」

他是黃太太小孩的私人游泳教練，他在教孩子的時候，她就在旁邊看著他們上課，看著看著就……

黃太太和先生的婚姻生活早已被時間褪去激情，鮮有情趣可言，像是長期缺乏灌溉的花朵。而「教練」的出現，讓她彷彿在無垠的沙漠中迎來久違的甘霖，沉浸在少女般的愛戀中，止不住甜蜜與期盼。她像是包養般的供給他所需，名牌衣服、包包等，只要逛街看到什麼就想著也給「教練」買一個，對他甚至比對自己還大方。

對方打著小孩子游泳教練的名號，明目張膽地出入黃太太所居住的豪宅，長驅直入地進入丈夫與她共建的「甜蜜的家」。「我先生只知道每天應酬喝得醉醺醺的回來。除了拿錢回家，心思根本不在家裡，不關心我在做什麼……」黃太太抱怨著。

那她為何要調查這個教練呢？

「他竟然背著我和他老婆，在外面還有其他女人！」她氣炸了。

某天，她在教練的手機裡，發現竟然還有許多像她一樣的對象。看著一行行「清單」，清一色是居住於豪宅裡的人妻，其中不乏上過新聞的名門貴婦。

聽到這裡，我不由得在內心驚呼：「貴圈真會玩！」

「我不甘心！我給了他錢、給了他身體，甚至把心都交出去了，他怎麼可以背著我找其他女人？」黃太太恨恨地說。

「錢是你心甘情願給對方的，上床你也很開心啊！趕快回歸家庭才是真的吧。」我直白地回應。

然而，她回我一套神邏輯：「不！我會喜歡他，是因為他對我的專一。如果他還有其他女人，那就不一樣了。」

「可是你也在先生與教練之間遊走啊！」我說。

「我雖然很對不起我的家庭和先生，但這是兩回事。我不介意他有老婆，我們都有各自的家庭責任。但如果他還有其他的對象，那他就是背叛我！只要你們幫我，我就能跟他斷乾淨，也才能不留遺憾、心甘情願地回到家庭裡……」黃太太說得坦白，哭得梨花帶雨，顫抖地承諾著。

話雖如此，在辦案期間，我們卻不時聽見她對丈夫的抱怨：丈夫身上臭；丈夫不管小孩；丈夫總是晚歸並喝得醉醺醺……

而且她仍持續與教練約會，根本沒有要斷開的跡象。

黃太太要我蒐證「教練」和其他女人在一起的畫面，然後透過黑函、匿名電話或信件等方式，讓那些女人的丈夫知道這些醜事。她要一一戳破他，讓他身敗名裂，再也無法周旋於其他貴婦之間——當然，除了她自己。

此外，她也特別強調，千萬不能讓教練的妻子知道這些事。雖然黃太太表示是因為同情，覺得那個妻子很可憐，但是從她的後續行為證明，她擔心的不過是怕如果自己因而被揭穿，會影響和教練的相處。

最後我們如黃太太所要求的，將蒐集到的游泳教練偷腥證據一封封寄給貴婦們的丈夫。那段時期，整個高級住宅區亮起一戶又一戶「綠光」，甚至還引發媒體報導，情況可說是慘絕人寰。

案件結束後，我問黃太太是不是真的會斬斷情絲，她猶豫一秒後答應了。但那一秒鐘的遲疑，讓我瞬間明白她心底真正的答案。

果然，半年後，黃太太再次委託我們，對象依然是那個健壯的游泳教練……

從事徵信工作，接過的外遇案件多得數不清。女人婚後外遇的比例比男人低很多，因而許多人以為外遇調查大多是妻子要查先生，但事實上，我遇到的通常是男性委託人。以往丈夫捉老婆外遇的案例比較少，主要是因為愛面子，還有女性更顧慮外遇被逮到的下場，所以進行得比較不留痕跡。其實根據我的查案經驗，會外遇的女性是有跡可尋的，就以走路來看：走路抬頭挺胸絕對是有自信，有人卻是走路時，背好像永遠挺不直，坐著時像陷進椅子一樣軟趴趴的，表示沒自信；沒自信的女性比有自信的女人容易外遇，因為很容易被攻破心防。而走路容易東張西望，且每個從眼前經過的男人都要對一眼的女性，比目光專一、很少轉移的女人容易外遇。

事後回想，第一次見到黃太太時，只覺得她有氣質，打扮得體，講話輕聲細語……

誰知道背地裡玩這麼大。

所以要提醒各位男性朋友，無論是游泳教練、直排輪教練、×球教練、跆拳道教練……只要是會在教課過程中散發濃烈費洛蒙的，還是自己去認識一下對方，好好跟對方握個手，保持聯絡，以降低綠光罩頂的機率。

空前絕後（一）：找在室正妹當老婆

我這個徵信業者，差點要「斜槓」婚友社了。

曾經有一段時間，網路上流傳著一則非常霸氣的徵婚消息：一名男子開出極為優渥的交友條件，直言「有交往就送iPhone，有生子就送北海道房產」。消息曝光後，引起許多人的關注，甚至還有國外媒體報導。

其實我也接過一個類似的案件。沒錯，號稱「萬事屋」的敝徵信社不只尋人、捉姦，基本上，各種奇形怪狀的案件都可以洽詢，大致就是「只要價錢合理，案件內容不違反我的良心，什麼案子都能談」。就是在這樣的情形下，我遇到了這位男客戶。

通電話時，他並沒有明確說明需求，僅表示希望能盡快約時間碰面。根據過往經驗，不願說明委託內容卻希望盡快碰面的委託人，案件通常都十分特殊，偶爾甚至很有趣，而這名客戶果然也沒令我失望。

他在醫院工作，與我約在醫院的速食店見面，但是接著帶我移動至員工休息室談話。還沒開始會談，行事就如此神祕，我更好奇這到底是什麼樣的案子了。

等坐定後，瘦削又斯文的他跳過開場白，直接開口說：

「我希望你能幫我找尋結婚對象！」

這項委託完全出乎我的意料！難道我即將成為「全台第一個幫客戶找對象的徵信業者」？不禁暗自感嘆著身為徵信界知名的月老、撮合過不少同事與業界朋友的我，終於能夠斜槓婚友社了。

但緊接著我便專注於眼前，開始仔細地了解委託人的需求。一聽，卻令我傻眼。

他表示由於工作關係，平時很難有結識異性的機會，而身邊的女性大多是不適合結婚的對象，所以萌生請徵信社幫忙尋找對象的想法。（這是拐個彎說你看不上醫院的女性嗎？）

關於希望的條件，對於身高、體重並沒有明確的數字標準，但唯獨要求對象要「長相漂亮」、「身材好」。而且在家世方面也有要求，他希望對方至少能「門當戶對」。經過多次追問，他終於說出心中的條件：

「對方的家產至少要在新台幣十億元以上。」

老實說，聽到這裡，我的白眼已經在腦中七百二十度瘋狂大迴旋。雖然委託人一開始並沒有說得很直接，但他期望的條件真的就是傳說中「膚白貌美大長腿的白富美」！我還在讚嘆他竟能臉不紅、氣不喘地講出一連串如此「神人」級別的要求，他說出口的下一個條件才真的讓我徹底石化。

「我希望對方是個沒有經驗的處女。」

大哥！我說大哥！你要人家漂亮、身材好又有錢，說真的這些還可以想想辦法。先不論這年頭還抱持著「處女情結」到底是有多愚蠢的觀念，但你要一位條件如此優異的女性沒有男女經驗……「難道你自己就沒跟女人發生過關係？」當然，這句話我只敢放在心裡吐槽，不敢真的說出來。

更令人抓狂的是，原以為這位委託人既然敢開出如此誇張的條件，想必自身也有相互匹配的背景，才有本錢猖狂。但先看外貌：一七〇出頭的身高搭配人畜無害的臉龐，距離帥氣與醜陋剛好都差那麼一點。再詳細詢問他的家世：家產才一至兩千萬左右，到底要如何符合「門當戶對」啊！

在會談過程中，委託人一再強調，這些條件是一條都不能修改，每一條都得滿足。更麻煩的是他要求我們徵信社不光是介紹，在介紹之後，如果他看對眼，徵信社還得負責撮合他們。

「最好能幫助我成功追求到對方，讓我們順利地步入禮堂。」

聽他說完最後這一個需求，頓時我內心萬千思緒奔騰翻攪，腦中有個聲音在吶喊：「大哥！媒婆沒有包生子的，你知道嗎？」

這種毫無邏輯可言的要求，任月老下凡也無計可施呀！

空前絕後（二）：偷男友用過的保險套

這件案子榮登我徵信從業史的「奇葩冠軍寶座」。

在我遇過的委託人中，高䠷而甜美的小妤堪稱其中數一數二的有魅力。而她提出的奇葩委託，不僅讓我差點驚掉下巴，更登上我徵信從業史的冠軍寶座——

「請幫我偷男友用過的保險套。」

並不是沒有偷過保險套，但大都是辦捉姦、性侵案要保存證據，或是要做ＤＮＡ親子鑑定，才會延伸出這樣的需求。通常委託人也不會劈頭便如此要求，往往是我們聽完案件後，研判有需要而告知委託人。

我可從來沒遇過委託人一開口就要我們偷保險套！

我扶好下巴，冷靜下來，進一步地了解情況。

小好和一名富二代交往七年，感情很好。男友雖然有點任性和孩子氣，不過對她是一心一意，並未因為有錢就拈花惹草。

兩人都到了適婚年齡，但男友不願意定下來，因為有個疑慮……

「其實他不大放心我。」小好無奈地說。

小好因為長得太美了，時常遇上其他男性搭訕，她皆回以禮貌的拒絕。不過事情反覆發生幾次後，男友心裡開始有點遲疑。

說到這裡，小好長嘆一口氣，憂愁彷彿也隨著垂落下來的睫毛而墜落——

也太美了吧！

很抱歉我又不小心走神了！但哀怨的小好顯得如此楚楚可憐，讓人不由得感到心疼。

然而就在此時，「職業警鈴」開始在我內心大肆作響。我開始懷疑她想要偷男友用

過的保險套，可能另有所圖。我提醒自己別因為過度氾濫的善良，又像以前那樣被委託人詐騙。

可能是從我的沉默中感覺到懷疑，小妤坦率地告訴我：「不用擔心，我不是要害他或騙他的家產。我是想要懷他的小孩，而且是他父母建議這麼做的。」

她說，男友的父母其實早已認定她是未來的媳婦，不斷催他們結婚，想要抱孫子。她也希望能夠早點結婚，覺得自己的年紀快等不了，加上已經交往七年，不想再拖下去，所以乾脆來找我們幫忙。為了加強我的信任，證明自己所言非虛，她主動出示手機裡，與男友母親的文字對話紀錄。

經過反覆地一再查證相關證據，可以確定小妤沒有不良企圖，於是我決定承接這個案子。

案子並不難辦：小妤負責通風報信，她與男友入住旅館後，告訴我們房號，接著我們在那間房的附近另開一間，等待……一收到小妤傳來退房通知，我們趁清掃的房務人員到來前先潛入房間，在垃圾桶內找到被層層衛生紙包裹的「目標物」。

從旅館撤離後，我們與小妤碰面。不知道她是因為計畫成功實行而興奮，還是剛激烈運動後氣血通暢，臉帶潮紅的模樣，再次迷倒了我和同事。我意識到自己的視線不小心唐突佳人，急忙收斂，小妤好像看穿了什麼，露出略帶狡黠的頑皮眼神。

當然，重點還是「交貨」——交上裝有她心心念念的「目標物」的夾鏈袋。

類似的任務，我們總共執行了六至七次，後來再也沒有收到小妤的消息，也不知道後續的進展如何。只能在內心期待著，希望我們做這件事情，可以幫助有情人獲得幸福。

並且，同事應該也跟我一樣在內心提醒自己：「以後一定要記得把保險套『毀屍滅跡』！」

尋狗任務

每一句提到的「牠」，在他們心裡，都是「他」。

徵信社幾乎什麼案件都接，幫忙尋狗也不令人意外。但有些業者會惡劣地利用主人對狗兒的愛來坑錢，比如：

第一種：開高價，等收了錢卻不辦事，推說找了很久都沒找到。這種情況最普遍。

第二種：騙委託人說有人找到狗了，但要求高額獎金才願意把狗交出來。收了錢後，卻推說對方避不見面，或者說原來不是委託人的那隻狗。

還有許多其他的惡質手法，但其實最根本的原因是，他們根本不懂怎麼尋狗，也不可能負擔高額成本去找，於是欺騙委託人來賺錢。

坦白說，要認真尋狗，需要短時間內集中大量的人力，成本高，加上通常沒什麼利潤，也因此部分同行自然不太願意認真去進行。

朋友們都知道我愛狗。念大學時，每週三下午，我都到流浪犬收容所當義工，希望能幫更多狗兒找到家，其實那是出於彌補自己心裡的一份遺憾。

小時候父母離婚，奶奶怕我孤單，送了我一隻黑色的雪納瑞，我叫牠「黑乎」。牠總會在我放學回家時，熱情地迎接我，興奮得讓尾巴像直升機的螺旋槳轉啊轉。我喜歡抱著臭臭的黑乎，把臉埋在牠身上貪婪地大口聞著牠的氣味，跟牠說話。童年那段最灰暗的日子，在牠出現後開始明亮起來。

然而有一次我出門時沒將門關好，回到家，已看不見黑乎……

雪納瑞最長的壽命大約十八年，算一算時間，黑乎肯定已離開人世很久了。當時的我只是個小學生，並沒有專業找牠的辦法和能力，那份遺憾深深地烙印在我心中。因此後來遇到找狗的求助，我總忍不住將心比心地接下委託。

這篇要談的就是「尋狗」。

尋狗最重要的，就是把握「時間」。

基本上，在走失的十二小時內發動尋狗，找到的機率有百分之八十以上。時間過得愈久，各種變數就愈多，當然愈難找。

要怎麼找狗呢？

首先，我們得了解狗狗的習性。狗狗走失後，通常會拚命地想回家，所以一方面要有人在家門口守著，以免牠回來後沒辦法進門而又離開。

狗和人類不一樣，牠的前進都是有方向性的，不太可能往東之後又往西，再繞到北。於是，「狗兒往哪裡跑」這個情報就很重要，尋狗的人力應該主要配置在那個方向。因此另一方面要從牠走失的地點出發，以大量人力展開「扇形」的搜索與查訪。

最重要的是要做好「尋狗啟事」。

如果是寵物犬又不怕人的，很容易被撿走。要如何以最快的速度把尋狗消息「準確地」傳達出去，關鍵之一就在雇主能否正確地提供狗兒的相關資訊，例如特徵、照片、年齡、習性與性別，尤其是「特徵」。

除此之外，獎金的優渥程度、尋狗啟事的設計是否吸睛，以及和主人間的溫馨感人故事，都會影響到人們把訊息傳播出去的意願，找到的機率也將隨之提高。

尋狗啟事上最好有標示一定的獎金，然後安排大量人力沿線張貼。重點來了：尋狗傳單並不是隨意張貼，而是要挑選一些「人潮聚集且會駐留」的地方。

通常我們會張貼在獸醫院、寵物店、寵物美容中心（因為如果有人撿到，通常第一時間會帶狗狗去洗澡或是掃描晶片）。還有張貼在比較容易聚集人的飲料店（除了客人比較容易注意到傳單，外送員也可能協助注意）。也會發送至里長辦公處，以及在可能吸引狗狗駐足的開放式小吃店或攤販處進行布告。

張貼尋狗啟事當然要先徵求店家同意，並約定在一定的天數後會來清除這些廣告。並且在有足夠人力的前提下，沿路拜託店家准予我們調閱監視器，確認狗狗的動線，並隨時記錄時間與地點，做好時間軸及地點的報告。

除了張貼實體傳單之外，我們也會將小狗走失的消息發送到ＰＴＴ的地方看板、Facebook 的地方性社團，動用網路人力一起來搜尋。

再來，我們會與當地的清潔隊聯繫，通常可以讓清潔隊員留下印象，以免狗狗遭到「路殺」。另一方面要與當地的動物收容所聯繫，因為很多狗狗被捉到後，會被送到收容所——在這裡要提醒狗主人們，「晶片」很重要。因為如果狗狗沒有晶片，收容所無法通知主人。

尋狗任務雖然不常有，但是會特地上門求助的委託人就像許多尋人的委託者一樣，心心念念的是那個心裡的寶貝。

曾經幫公司的夥伴尋找走失的愛犬。接到他求助的當下，同事們從動員、整理資訊到印製、張貼傳單等，迅速進行。很幸運地很快便接獲有人發現小狗的下落。

讓我印象深刻的是有對年輕夫婦登門委託。從門鈴發出的緊湊頻率可以感受到他們的急迫，夫妻一同前來尋求徵信社協助的也是少數——原來是他們的愛犬Puma走失了。

「牠叫Puma，就是那個運動品牌，因為牠很愛撲在我們身上。Puma是純種的黑柴，有標準黑柴的棕點眉毛，胸前有像台灣黑熊的白色V形毛色。」

先生說話條理分明，卻難掩焦躁。

「今天早上出門散步的時候，不小心讓牠掙脫了牽繩。我們走遍家附近的所有路口、小巷，仍然不見牠的蹤影。一想到附近的重劃區有野狗，還聽說過有人會捉狗去吃……我們真的很緊張，希望你們能幫忙。我們最擔心的是牠很親人，很容易就跟人跑了。

不快一點，怕牠會被帶走！」

每一句提到的「牠」，在他們心裡，都是「他」。

理解情況後，我們立刻著手行動，將有空的同事們組織起來，整理了Puma的相關資訊，設計成傳單，上面刊載了牠的特徵、花色、年紀、主人的聯絡方式，以及賞金（賞金真的很重要），並以最快的速度印製好傳單，開始找地方張貼。

我們也依照牠走失的大概位置，以大量人力展開扇形搜查，並探訪沿路店家及張貼尋狗傳單。同時至各大地方網路社團發文，讓狗狗走失的消息以最短時間達到情報擴散。不僅如此，也在鄰里辦公室張貼尋狗啟事，請里長幫忙協尋。

慶幸的是，里長與大部分的店家都十分樂意協助，網友們也相當給力地迅速協助消息擴散。

最後終於接獲附近國小的警衛來電告知，Puma就在他們學校裡！

我們去接時，看見狗狗正在和假日到學校打球的同學、民眾們玩耍，開心的模樣和緊張又擔憂的主人夫妻形成強烈對比。

Puma跑向夫妻倆，開心地搖著尾巴。全程未發一語的太太把牠抱在懷裡，終於開口說：「下次不要再亂跑了！知不知道媽媽有多擔心！」

雖然旁人看來只是寵物走失，可是在這對夫妻心中，就如同孩子走失般焦急。

回想在流浪犬收容所當義工的那幾年，看見很多狗狗被遺棄後就變得很自閉，最後因為沒人認養，遭到安樂死。

每當發現自己前一天才照顧過的狗狗不見了，就知道牠已經帶著思念離開了世界。我常會想：牠們是否直到臨終前，都還想著主人的那雙手，以及溫暖的家？

有人問我：既然可以找狗，那是否能尋貓呢？

如先前提到，狗兒的運動路線以平面居多，而貓咪會爬高又竄低，走的是「３Ｄ」路線，想當然耳，尋貓的難度也就更上好幾階！雖然一樣可以搜尋，但是，還是請各位貓奴們好好看守家裡「３Ｄ」等級的貓咪吧！

前男友與前女友

無論如何，你都要相信自己是值得幸福的。

緣分總是令人期待，似乎世間的一切浪漫都可以訴諸其中。我過去曾經歷一段特殊的緣分，也可以說是巧合，然而不僅不浪漫，甚至現實又殘酷。

有天接到一通案件委託電話，來電者是年近四十歲的女老師又慈。在與又慈的沉重對談中，我稍微了解到她身上所背負的壓力。

她是約聘教師，好不容易找到目前學校的工作。雖然薪資不優渥，但扣除掉生活費與孝親費後，再加上日常刻意地節省，生活勉強過得去。

在單純的教學生活裡，她認識了同校的男老師阿信。個性溫柔的阿信令又慈深深著迷，兩人很快便開始交往。

但隨著交往日久，又慈發現阿信與其說是溫柔，不如說是優柔寡斷。他習慣沉溺在自己的舒適圈中，對未來沒有太多打算，對於許多事情也常不願意下決定，甚至有時反覆無常。經過無數次的衝突和爭吵，兩人決定分手。

「但是在分手沒多久後，我發現我懷孕了。」又慈語氣平靜地說。

發現自己懷孕了，她第一時間就告訴前男友。震驚的阿信不知道該如何是好，最後支支吾吾地說出，希望又慈拿掉孩子。

其實又慈也很清楚現實情況。自己只是一名普通的約聘教師，一旦被發現未婚懷孕，隔年很可能面臨學校不續聘的結果；若生下來，以後和小孩的生活也可能難關重重。

每每輕撫著腹部，感覺到體內有個小小的生命正在孕育時，感恩與煩躁的情緒便湧上心頭：一方面，十分感恩小孩願意出現在自己的生命中；另一方面，又覺得自己的人生可能會因此大亂。

但幾經考慮後，她決定寧可獨力扶養，也要生下孩子。她告訴阿信這個決定，卻遭到強烈反對。

「其實我沒有要他負責的想法，小孩我可以自己扶養長大。可是以我對阿信和他爸媽的了解，他們很可能會後悔。到時候，如果我真的丟了穩定的老師工作，他們又來爭監護權……我真的很怕孩子會被搶走，又不知道能找誰，看到你們的電話就想說來問問看……」

在理解又慈的想法後，我提供了實務上的經驗給她。

「這個孩子是非婚生子，實務上是難以舉證的，所以你的前男友他們家就算想來要孩子，也很難成功……」

以她描述的情況，當下我能幫的忙很有限，但又放不下心，於是把私人電話給她，告訴她有任何事情或疑問，歡迎隨時打電話來詢問。

結束與又慈的通話，還在想著這個女孩真的做了很艱難的決定……公司的另一線電

話響了，是疑難雜症與免費法律諮詢的專線。我接起電話，這次來電的是一名男性。

他表示自己是老師，不久前才與交往多年的女友分手，沒想到後來女友卻告知懷孕的消息，並且堅持要留下孩子。他十分擔憂萬一她真的生下小孩，是否能挾孩子向他要求巨額的扶養費，所以來電詢問。

學校老師？剛分手？懷孕？留下孩子？這一切也太巧！

我並沒有立即做出回應，只是聽著男子不斷地敘述事情。但是聽他跳針般不斷地說「我擔心前女友會獅子大開口」，真的讓我生氣了。

「她有向你討任何費用嗎？」

「沒有。」他說。

「有堅持要你負責？」

「沒有。」他說。

「那你在擔心什麼?!」我問。

他沉默。

我有點氣憤地表示：「你現在該做的是好好和對方溝通與陪伴吧。不管你是否想把小孩生下來，都應該好好跟她溝通，並且盡力去補償她，因為那畢竟是你的骨肉，而且，在她的身體裡。」

我心裡有數，來電的這個男人正是又慈的「前男友」阿信。好奇妙的緣分，相同事件裡的男女主角竟然不約而同地打電話給我。

諷刺的是，女方來電是出於擔心男方搶監護權；而男方來電是因為擔心女方索討扶養費。這真的是一段現實又殘酷的緣分。

最後我選擇攤牌，告訴阿信其實我知道全部的事情。

「怎麼那麼巧？……」突然知曉這一切，阿信難掩詫異。

我以自身經驗為例，跟阿信說我過去也遇到類似的情況，最後選擇生下小孩。在小孩出生後，我意外地發現，孩子是全世界最美好的禮物，生命的一切都開始被賦予全新的意義。

我也讓阿信明白又慈的想法，她只想把孩子生下來，並未想要索討任何金錢。

「至少你先去找又慈，兩個人再好好談談這件事吧。同時，盡量陪伴著她。」我這麼建議他。

結束和阿信的談話後，我打電話給又慈。對於如此離奇的發展，她在驚訝之餘，猜想可能是因為雙方約好隔天談判，阿信或他的家人擔憂她有什麼奇怪的行動，所以也想辦法尋求諮詢。

反覆思考後，我忍不住多嘴給了建議。既然她想要生下小孩，她和阿信也許可以為了孩子，再試著重新相處，或許能找到新的相處方式。

「如果不行，你也要相信自己是值得幸福的。」我對她說。

「其實我現在除了擔心談判，也不曉得能不能保住孩子……」幼慈說起先前去婦產科做檢查時，醫師發現胎兒太小，如果不及時安胎，有可能保不住。

結束通話後，我長嘆一口氣。我發自內心地祝福又慈的寶寶能順利出生，她和小孩能夠一路平安。

可是也十分好奇，上帝要我在今天接這兩通如此神奇的電話，是希望我在這件事情中扮演怎樣的角色呢？而我的回應，是否符合祂的期待呢？

小心暗戀

透過化妝易容，我們成功地創造出一位有血有肉的「真命天女」……

耳熟能詳的歌曲在舞台上繚唱著，暗戀的滋味自歌詞中滲出淡淡心酸。他露出一如剛出道時的招牌陽光笑臉，笑瞇起來的深邃雙眼皮，被小小的眼袋擠成天真弧線，微微下垂的眼角惹人憐愛，總引來大批女粉絲寵愛地關注。

阿紀站在距舞台不遠處的角落，一如往常地不遠不近、剛剛好盡忠職守的位置，欣賞他被眾人簇擁、欣賞他動情演唱著創作。無論任何時刻，只要他一抬頭，就能隨時看見阿紀。

他的事情，阿紀都幫他安排好了：下一個通告是幾點？媒體採訪應該預留多少時間？節目內容要排演幾次？新聞稿的標題確認……她像個保母一手操辦著他所有的事，只為讓他在舞台上發光發熱，在人群中亮麗光鮮。

「他」是身為經紀人的她所帶的其中一名偶像。

卻也是她不小心動情的對象。

阿紀身材瘦小，巴掌般的小臉有著片片泛紅的痘疤，鼻梁上掛著一副厚重眼鏡，像一不小心就會把她給壓垮。每個女人都有與生俱來的美麗，但不知為何，阿紀整個人顯得黯淡，發不出一絲光芒。

「請你們幫我找一個長得像這樣的女生，可以嗎？」她翻出手機相簿裡一個漂亮女人的照片，委託我們幫忙。

照片中的女人一身韓系穿搭，清新而脫俗，文青的氣息中，帶著一點不食人間煙火的仙氣。

「請問您想找這樣的女生做什麼呢？」

阿紀支支吾吾，心虛似的說起藏在心中深處那個不為人知的祕密。

她是個長年在演藝圈打滾的經紀人，所見形形色色、光鮮亮麗的偶像不勝枚舉。在五光十色的偶像圈內，這樣一位極富音樂才華、帶著陽光笑容的帥氣男孩，只是帥得比平均出眾一點，算不上非常特別。

然而，就是這樣的一個男孩，在她早已麻木的世界裡，擲出了一顆小石子，隨著漣漪擺盪出愈來愈大的波紋，她的心也如那顆石子一般，在情海裡愈沉愈深。即便在他眼裡，自己只是一個如姐姐般關照著他的經紀人。

隨著時間推移，阿紀的情感在心裡生了根，密密麻麻布滿在陰暗潮濕的土壤裡，幾乎成了壞死的病。

幾個月前，她利用通訊軟體申辦一組新帳號，以他喜歡的外貌、個性，佯裝成另一名女子，開始和他聊天。

長期地近距離相處，阿紀自然對他的喜好瞭若指掌。她成功引起偶像男孩的注意，更漸漸地讓他沉浸在她設定的「真命天女」角色裡。在虛擬世界中，長期單身的他找到情感慰藉；她長久以來的暗戀，也在透著光的手機螢幕裡找到一處狹窄的出口。

現實生活中，她是照顧他的經紀人姐姐，到了虛擬世界則化身為受他呵護的女人。

「今天吃了什麼？」「今天遇到什麼有趣的事？」……相隔著科技的距離，兩人分享瑣碎的日常，也一點一滴地堆砌起彼此的情感。

螢幕背後的渺小幸福，像幽暗裡的一縷孱弱火光，她小心翼翼地守護著，不讓其受驚擾。

然而，這份幸福終究在謊言的浪潮裡翻了船。

「他發現真命天女是你假扮的了？」我問。

「還沒有。」阿紀搖搖頭。「我騙他說這個女生太害羞了，所以拜託我登進帳號，讓她和他聊天，但他不相信，堅持要見到本尊。所以我來試試看能不能委託你們找個人來滅火。」

她心虛地愈說愈小聲，像做錯事的孩子，深怕被大眾的道德觀綁起來送上刑台。

聽著這荒謬的故事，心中起初對阿紀掠過一絲嘲笑，也對這名偶像感到幾分同情。

我問她：「找出這樣的女生並不是不可以，但你能保證處理完這次，以後都不會再騙他了嗎？」

阿紀用力點頭，像要把腦漿甩出來似的，兩行眼淚滑落，厚重的眼鏡更使她顯得搖搖欲墜。

雖然知道騙人不對，但看見她真誠的淚水，讓我忍不住感慨情到深處，愈是使人失去理智。

有了阿紀「不會再說謊」的擔保，我們尋尋覓覓，好不容易找來了與照片相似的女子，再透過化妝易容，成功創造出這位有血有肉的「真命天女」，與偶像相見。

要讓這位「真命天女」從偶像的世界退場並不難。見面時，她依照我們原先擬定好的劇本，告訴偶像：「雖然我很喜歡你，但我其實已經有論及婚嫁的男友，以後不能像過去那樣聊天了。對不起，騙了你……」

這場劇碼不僅斬斷了偶像在虛擬中的一場夢，更是要推倒阿紀建立在真心之上的一層層謊言。

最後，偶像很有風度地謝謝「她」這段時間給予的美好回憶。

整個過程，阿紀在一旁安安靜靜地見證。她的頭壓得很低、很低，像她的愛情，低進了塵埃裡。

幾個月後，我們再次接到阿紀的委託：偶像終於有了新對象，但阿紀希望我們從中破壞。

這一次，我拒絕了她的請求。

愛應該是種「希望你可以過得更好」的祝福。

事隔多年，不知道愛到發了狂的阿紀，如今是否依然守候在她的「偶像」身旁？

誰才是受害者？

身為局外人的我們，在批評之前，請先緩緩吧！

新聞照片裡，一個熟悉的身影竄入眼簾，雖然被打上馬賽克，但身形、穿著打扮、姓氏和新聞上描述的故事，都與她一樣，錯不了。

小芙是去年來找過我們的客戶，也是這則新聞中的女主角。

根據報導內容，丈夫找徵信社跟監她，發現她與同事有染，憤而提告通姦。雖然因證據不足，無法起訴，但網路的力量很快引來鋪天蓋地的謾罵，一面倒地指責小芙身為妻子卻不守婦道、對婚姻不忠……

輿論沒能給小芙為自己辯白的機會。沒有人問過她為什麼要這麼做，也沒有人問她，

這段婚姻為什麼會走向一個背叛的結局。似乎出軌就是永世不得超生的罪行，不得有任何上訴機會，因為人們不想聽理由，更不需要藉口。

小芙走進辦公室那天，素色長裙搭配著針織上衣，清新而顯出氣質。隨意紮起的低馬尾似是想為一臉憔悴賦予些精神，可惜並不奏效。失去血色而略帶蠟黃的肌膚，在眼窩周圍布上兩圈烏雲，晃晃蕩蕩、似乎快抬不起腳的步伐盡顯疲憊，像元氣被啃噬殆盡，瀕臨崩潰。

「我想請你們幫我蒐證，好讓我離開那個地方……」空洞的眼神透出小芙心灰意冷的決絕。

丈夫在對岸有外遇，她早就知情。可笑的是公婆在知道後，非但沒有管教兒子，反而責怪她無法幫助丈夫的事業。婆婆還大言不慚地諷刺：「整天在家帶孩子已經很好命了！」叫她要珍惜。在公婆眼裡，帶孩子並不難。既然她對丈夫的事業沒有貢獻，就不應責怪丈夫找一個「賢外助」。

公婆的態度和丈夫的無視讓小芙逐漸心死。但轉身看看幼小的孩子，為人母的不捨與責任讓她陷入糾結與拉扯。

這件事情最後不了了之，卻沒想到再看見小芙，竟是透過新聞的形式。

婚姻中出軌的一方是錯的。但另一方就必然是受害者嗎？

我想起經手過的另一個案件……

阿章先是透過電話告訴我們妻子有外遇，委託捉姦。

他在電話裡的態度很客氣，見面詳談時，穿著T恤加上休閒褲，裝扮簡單清爽，說話也彬彬有禮。據他所述，妻子已經一段時間沒有回家，留下自己和女兒相依為命。說著，他眼裡充滿對孩子的不捨。「夫妻兩人走不下去就算了，無辜的是孩子。女兒想找媽媽，再怎麼說，她也不能把女兒丟著……」

阿章說得無奈，口中的妻子儼然是不守婦道、不管孩子，典型「拋夫棄子」的女人。

順著阿章提供的線索，我們很快便找到人。

來捉姦的阿章，身旁卻帶著女兒。

我心裡驚訝，但沒有權利阻止委託人讓孩子面對這種場面。甚至遇過委託人認為只有孩子在場才能喚回對方的良心，將小孩作為挽回婚姻的最後手段。對他們來說，只要父母的角色同時存在於房子裡，那麼這個「家」就還在。至於「家」的氛圍、環境和教育問題，則全看孩子的造化。在現場的混亂局面下，我們只能盡可能地不讓孩子看見不堪入目的畫面。

小女孩看起來才十歲左右，對世事似懂非懂，有股恨意卻自眼中流露，與她的年齡格格不入。本該無憂無慮，卻被迫參與這場屬於大人的紛爭，眼睜睜地看著一場鬧劇上演，卻無力阻擋。

所幸，孩子沒有看見母親與另一個男人衣衫不整地在床上。我們只是把阿章的妻子從外遇對象的住所帶出來，後續的事情則交由警方處理。

「我不想再回去那個家！我怕我隨時會被打死！我不要……求你放過我……」

阿章的妻子無助地哭喊，向員警透漏自己長期受到丈夫施以精神及肢體暴力。她極力表示自己只想趕快離婚，遠遠地逃離這個惡魔，再也不要見到他。

「你就是個破女人，為了外面的男人找藉口，連女兒都不要！」阿章對著她破口大罵，並像是欲掩蓋自己的惱羞成怒，用力抓著妻子的肩膀，把她推到哭泣的女兒面前，吼說：「你看看你媽媽！她都不要你了，你還哭什麼？」

一面辱罵妻子，一面恐嚇女兒，字字句句只在傳遞一個訊息：「媽媽有多可惡，是她先不要這個家！」

「我沒有！你不要亂說……」阿章的妻子無力地反駁。

一邊是自己，一邊是孩子，丈夫咄咄逼人的言語把她推入進退兩難的境地，自責、愧疚、不捨、不知所措與恐懼，同一時間纏繞在她身上。她沒能再為自己的行為辯護，因為想離開是真的，然而，放不下女兒也是真的。

在長期以暴力取代溝通的關係裡，一個人能有多少堅強被消耗？

而孩子呢？夾在媽媽的哭喊、爸爸的咒罵之間，我感受到複雜的情緒在這個十歲孩子的眼中流轉。

媽媽不回家是真的。被遺棄的不安、無助與憤怒，觸及一個小孩內心最深層的恐懼。媽媽不要她了……媽媽怎麼會捨得丟下她？是不是她不聽話，還是因為她沒辦法為媽媽擋下那些拳打腳踢？

爸爸打媽媽也是真的。好幾次他們大聲爭執，你來我往的嘶吼聲在靜謐中劃破天際。沒過多久，尖銳的聲音不見了，然而一瞬的安靜之後，卻是更可怕的暴風雨……

父親的怒吼和母親的尖叫是她很熟悉的。她救不了母親，懵懵懂懂地知道父親的暴烈、母親的痛苦……但母親又怎麼能真的背叛這個家呢？

女孩憤恨的眼神化作一滴滴無助墜落的淚水。

最後在員警協助下，混亂的場面暫時告一段落。

只不過，在保護令核發下來之前，她們母女該如何度過？受過的陰影，需要花多久時間來修復？丈夫一直對妻子施加暴力又不願離婚，以至於妻子出軌躲去別人的懷裡，這該如何說對錯？

很多事情的對錯，尤其是婚姻、感情的事，我想只有上天能做定奪。身為局外人的我們，在批評前請先緩緩吧！畢竟受害者與加害者常常只有一線之隔。誰都不足以完美到能夠保證一切如自己預期的發展。

不如闔上嘴，還給當事人一點清靜吧！

直到多年以後，女人的哭喊聲仍在我耳邊迴盪……

三、療癒的拼圖

有些案件，像某種「治癒」的良藥，
委託人猶如我心中一塊塊失散的拼圖，
在幫助他們的同時，不知不覺地治癒我自己。
也讓我更相信世界上還有些單純的美好、單純的愛，
值得我們在紛亂的世道裡，繼續抱存著選擇善良的勇氣。

母女

有時候，「笑」，反而比哭泣和憤怒來得更加真實。

約莫有七成的客戶來找我的時候，往往難以壓抑太過滿溢的心緒而不由自主地表露出來，那股洪流源自長久累積的巨大痛苦。

但我遇過一位特別的客戶，自始至終，我都只看過她的笑臉。

和她相約在便利商店，我提早到了。

到了約定時間，有個裝扮素雅的女子走進店裡。我觀察半晌，只把她當作便利商店的客人，遂低頭想確認客戶是否有傳來訊息。

但那個女子直直朝我走來。「是謝先生嗎？」她溫和而客氣地問。

我怔了半晌，連忙起身迎接，和她確認來意後，我們坐下來開始聊。

說實話，我是訝異的。她的臉上幾乎沒有什麼情緒流淌的痕跡，淡淡的，半點波瀾不見，就像是午後喫茶般的安然而平靜。若非她主動和我打招呼，我料不到她就是今天要會見的客戶。

她說，父親在她小的時候就離開家裡，媽媽很辛苦，獨力將她扶養長大。因此，她從來沒有忤逆過媽媽的話，無論事情大小，統統都遵從吩咐。也不管媽媽有什麼樣的情緒，發怒也好、難過也好，她向來都是逆來順受，毫不猶豫地接受母親給予的一切。

後來她的媽媽成了第三者，和一個有家室的男人在一起，兩人還合開了一家公司。

過了好一陣子，她結婚了，對象正是母親男友的兒子，從認識、交往到結為連理，都是他們撮合的。這段感情，她談不上喜不喜歡或是同不同意，因為扮演好「乖女兒」的角色，對她而言是幼苗尋光、游魚覓水般理所當然的事情，她不需要過問，不用多做思考。

結婚後，她跟著進入媽媽與男友合開的公司幫忙，一家人住在公司樓上，三樓與四樓。她以為日子如同平緩行駛於鄉間原野的火車般一路順風。但是筆直的鐵軌，突然塌陷了一個坑——

那天，她工作告一段落，上樓時，看見媽媽從他們夫妻的臥室走出來。原先她不以為意，猜想媽媽可能只是進去拿什麼東西。但是為何當她走近的時候，媽媽的神情如此慌張，不打招呼、也不理會她的叫喚，就這麼匆匆離去呢？

儘管疑惑，但她沒再多想便推門走進房間，竟然看見丈夫一絲不掛，呈大字形躺在床上呼呼大睡。

她愣了許久，一顆心高高懸起，想要找先生或母親詢問，可是當她試圖開口，卻怎麼也發不出聲音，喉嚨像是被掐住似的。

揮散不去的困惑就這麼梗在心頭。

後來她開始注意到，母親和他們夫妻一起工作時，總會特別叮囑她：「你老公很辛苦，要幫他多補一點喔！」

又或者她去拿資料、裝水或上廁所，回到辦公室時，常瞥見母親正用手拍著先生的手臂或大腿。注意到女兒困惑的眼神飄來，母親便誇張地讚美道：「你真的是一個很優秀的丈夫，我女兒嫁給你真的很幸福！」丈夫獲得母親認可，她本該高興，可是怎麼就高興不起來呢？

她愈想放寬心，要自己別胡思亂想，反而愈常撞見母親走出他們夫妻的臥房。直到那次她進房時，發現先生是醒著的，神色異常慌張，帶著點尷尬並氣急敗壞地問她：「怎麼突然上樓來？不是說要見客戶嗎？」

就在那一刻，她的心臟好似被重重地撞擊了一下。她確信了，有什麼事情一直在暗中湧動，只是自己早就成了篤信陽光的花，不曉得如何懷疑一直以來追隨的母親罷了。

闡述完整件事情的經過以後，客戶希望我們在客廳與他們夫妻的臥室，裝設針孔攝影機。

我問她：「如果最後拍攝到的畫面真的如你所想，你打算怎麼做？」

她的臉上依舊沒有太多情緒流露，可眼眸深處是空洞的，灰沉沉，像是整顆瞳孔都沒進了望不見底的幽潭。

她頓了很久，然後輕聲地說：

「一輩子扮演乖女兒，一輩子不曾忤逆過她，一輩子都沒有談過戀愛，就聽她的，她覺得合適，我就去和她男朋友的兒子結婚……

「如果真有那樣的事情的話，我可能會去其他的城市重新找一份工作吧。我已經不欠她了。

「我就只是想要離開而已。」

蒐證兩週後，我躊躇了很久。直到會面的前一刻，都還在猶豫到底要不要把畫面給她看。

我們約在同一家便利商店。她緩緩走過來，一步一步，像是踩踏在將碎的冰面一樣。同樣未施脂粉，打扮整潔、得體，像個鄰家女孩。

她坐了下來，沒有說話。

「拍到的畫面跟你想的差不多……你要看嗎？」我開口問。

她無神地凝視著玻璃桌面，眨了兩下，彷彿玻璃反射的光令眼睛生疼。

接著她慢慢地點頭，彷彿頸項擔著一顆沉重的石。

「你確定要看嗎？」

她靜默良久，再度點頭，這一次緩慢卻堅決。

我將ＤＶ攝影機拿出來，按下播放，把機器交給她。她一直低著頭，我看不清楚她的神情，只感受到她小心翼翼端著攝影機，很專注地一片一片看著……一片一片，將早已預知的真相層層剝開。即使明知剝到最後是血淋淋的惡臭，她依舊耐心地將每一份影片紀錄都確實看完。

我的心是懸著的，不敢保證一旦面對真相，她會不會當場崩潰。

但她沒有。

最後一份影片看完的時候，她竟然笑了，燦爛且無邪。她揚起頭對我說：

「你看，我老公很厲害吧？」

我沒有回應她。我笑不出來，但可以理解那一份笑：當一個人經歷的事情悽慘又荒謬到極點，任何情緒都無法負荷的時候，大腦中不知從何而來的幽默感就會接管一切。

這時候的笑，反而比哭泣和憤怒來得更加真實。

她沒有像一般客戶在經歷這種事情時一樣，腎上腺素爆發而渾身顫抖，甚至沒有憤怒，也看不出悲傷。她只是輕聲地對我說：「謝謝你。」

我問她，接下來打算怎麼做。她說，她大概會與先生、母親攤牌，然後離婚，並且離開。像她之前說的，離開這個城市，去找一份新工作，展開新的生活。

「我終於不欠媽媽了。」她說。

我想，其實從來就沒有所謂的欠或不欠。

一直以來，這個女子都戴著一副紙枷鎖，要求自己扮演乖女兒，提醒自己要聽媽媽的話，強迫自己走母親為她鋪設好的路。或許她沒有意識到，自己的人生儼然成了母親一手執導的戲劇。然而，那些規定和吩咐都是她自己所強加。那副紙枷鎖，都是她給自己牢牢戴上的。

很慶幸，那些影片給了她把紙枷鎖撕開的力量。

日子還很漫長，還可以重新來過。無論過去如何，希望如今的她已經在某個城市找到理想的工作，做著喜歡的事情，開心地生活。

這一次，不要再為了任何人。

就好好地，活出自己的樣子。

尋人啟事

這些案子沒賺錢，但讓我賺到了金錢之外，更重要的報酬。

徵信社的委託案件百百種，卻不是每種都像捉姦、偷拍那樣，時時充滿刺激與戲劇張力。有些故事，與其說是案件，不如說更像某種「治癒」的良藥，讓我在處理過程中，不知不覺地治癒自己，也讓我更相信世界上還有些單純的美好、單純的愛，值得我們為此，在紛亂的世道裡繼續抱存著選擇善良的勇氣。

委託的各式各樣項目中，有一種是：「尋人」。

在徵信社的委託服務中，尋人是最困難、最容易失敗，也最不賺錢的項目。花一堆時間抽絲剝繭地找答案，最後不一定會成功；整體來算，花費時間、所冒風險與執行成本，比外遇蒐證、財務整理等都高出很多。而最現實的一點是，這樣的案件大多賺不了多高的報酬，畢竟一般人不會願意花太多錢尋人。

接下來要說的這三個故事就是標準沒賺錢的案子，可是讓我賺到了金錢之外，更重要的報酬。

最好的生日禮物

委託人是即將迎來十八歲生日的女大學生啞啞。

「我三歲的時候，父母就離婚了，我跟著爸爸，還有姑姑和奶奶。每次問他們媽媽的事，他們都不肯跟我講，所以才來找你們幫忙……」無奈之中，啞啞仍抱著最後一絲希望。

在爸爸家，「媽媽」這個詞就像《哈利波特》中不能提起的「佛地魔」，是一個禁語。關於媽媽的事，家人們對啞啞三緘其口，也不准她提起，沒有任何理由，彷彿提到了就會被詛咒。但隨著漸漸長大，她越發想知道自己的媽媽是誰、人在哪裡……

令人感動的是，同學們知道了她的願望，為了讓她過一個難忘的十八歲生日，一群孩子東拼西湊地湊出一萬塊錢，開始一家一家地打電話，詢問各家徵信社是否願意承接這個尋母案子。

但「尋人」是徵信社的業務中，最吃力不討好、利潤最低，也最麻煩的工作，光成本就差不多要三、四萬塊。報價八、九萬元甚至更高，都是合情合理的數字。也因此，她們不斷碰壁。

「你方便提供媽媽的相關資料嗎？」問清事情的緣起之後，也許是因為自己從小母親也不在身邊，對於孩子渴望家的感觸特別深，又或許是純粹被這群同學仗義的熱血情誼所感動，我接下了這件吃力不討好的工作。

我們得知了那位母親的名字，推敲她的年紀，並比對地緣關係之後，決定先從南部開始找。經過一番波折，最後終於在屏東找到了人！

「啞啞，我們找到你媽媽了！」

打電話告訴啞啞喜訊的那一刻，連我們都難掩興奮。

分別十幾年，母女倆終於又相見了。

剛見面時，彼此之間還有那麼些陌生。啞啞帶著幾乎快被抹光的記憶，握著媽媽的手。

「長大了……」

媽媽說出的短短三個字，道盡這十幾年間，來不及參與的幼兒園分別、來不及參與的小學天真、來不及參與的國中叛逆、來不及參與的高中壓力……歲月是太匆匆的凶猛洪水。從孩子的第一聲哭啼開始，就注定追不上時間的生與老。

「你現在過得怎麼樣？」

「你以前過著怎樣的生活？」

「有沒有被欺負？」

在太多的思念裡，每一聲呼息都小心翼翼。兩雙手握著，誰都交代不完那些錯失的光陰。

「我好幾次要去看你，但都被你爸阻止……」

媽媽說著抱歉，因為前夫揚言如果她偷看女兒，會對娘家不利。在法治觀念沒有很普及的當時，她只能獨自吞下對女兒的思念之苦。

所幸經過多年的牽掛與輾轉，母女倆終於重聚！記者也拍下這感人的一刻，成為社會新聞欄目中，一則小小的溫馨。

母親成為啞啞一生中最美好的生日禮物；當然，這群仗義的朋友們也是。

很厲害的服裝設計師

剛考上大學的小帥留著一頭長捲髮，外型很帥氣。他的夢想是成為「很厲害的服裝設計師」，希望自己的品牌能夠走上國際舞台。青春的熱血與對未來的憧憬，使他顯得格外光采耀眼。

小帥委託我們幫他尋找生母。

「我很小的時候就被領養，對親生媽媽其實已經沒什麼印象，只記得有一次，我睡覺的時候，有個女人來看我，對著我又抱又親。那時候我才一歲多，但我知道她就是我媽媽……」

描述著這段記憶時，小帥的思念和疑惑縈繞在眼中，彷彿是作了場很美的夢，卻又看不清夢境代表什麼。

「一歲多的事情，你還記得啊？」我心想，這是太思念親生媽媽才產生的幻想吧……還是醫學上說的嬰幼兒「短期記憶」？

「我也只記得這件事，其他的記憶都模模糊糊的了，所以才希望找到她，看看她現在過得好不好。」

眼前的小帥像是想證明自己長大了，終於可以跨過高牆，看看牆外的世界——那個有媽媽的世界。然而，那是時間築成的一道陌生之牆，令人在碰觸之前，隱約感到躊躇不安。

這個案子很棘手。關於生母，除了那一刻美好的記憶外，小帥僅知道她姓「關」，其餘資料一概不知。我們只能依循小帥當初的送養資料，先追查生父的下落。

小帥的父親住在南部鄉下一處老舊房子裡，像古早時期的阿嬤家，連門鎖都沒有的那種。唯一帶給屋子一絲隱蔽性的木紗門，也因年久失修，透著朽木的潮濕氣息。明明是大白天，房子卻透著一股陰冷。

「有人在嗎？」我敲敲門，拉高嗓門詢問，並推開一點點縫隙，希望能把聲音傳進深不可測的屋裡。

沒多久，有個男人來應門，帶著滿身酒氣。

「請問您還記不記得，您有一個兒子？」我表明來意後，便開門見山地問。

男人歪著頭想了一會兒，接著激動地點頭：「有有有！」從屋內走出一個同樣是渾身酒氣的女人。兩人之間散發著一股將就的欲望糾纏，在杳無生氣的腐朽房內偷著苟延的歡樂，沒有昨日，也沒有明天。

小帥的父親表示，孩子是過去和一位姓關的女友所生，早已沒有聯絡。得到資料後，我們便開始進行戶政調查，最後卻發現這名關姓女子早已過世。而離世的時間，正是在一歲多的孩子被領養後不久。

原本小帥希望委託案不要讓養父母知道，怕他們傷心。但礙於生母早已過世，若希望得知真相，還是只能詢問養父母。

「他們說，媽媽那時候得了胃癌，沒剩多少時間了，希望在離開之前可以見我最後一面……」

其他的部分就如小帥所描述的記憶一樣：媽媽抱著他，親了又親，親了又親……那是一位母親最後的訣別和掛念。那一個個吻落在小帥的心上，烙下愛的印記，也落下遺憾與思念。

後來，我們嘗試找到生母的墳，但資料實在過少而沒能成功。我一直為小帥覺得很可惜，但他說：「至少知道媽媽在生命的最後一刻還掛念著我，那就夠了！所以我一定要成為很厲害的服裝設計師，讓天上的媽媽看見！」

攜著這份念想，那眼神堅定又閃亮。

這個案件，我沒有收錢。很多年過去了，小帥是否真的成了很厲害的服裝設計師，我們不得而知。

但我相信，不管小帥過得如何，天上的媽媽一定會默默地守護著他，以他為傲。

威脅要拿剪刀刺我的女孩

那是公司剛成立的時候。有天，那個叫「小禮」的女孩走進辦公室，開門見山便說：「我想找到我的親生爸爸。我想問他，當初為什麼要把我送走。」

有個女同學陪她一起來，兩人看起來約莫高一、高二的年紀，卻沒有這年紀該有的天真爛漫——小禮雙眼直勾勾地盯著我，帶著用力撐出來的防備和倔強，就像是長著刺的玫瑰，會扎人，卻不致命。

我請她們坐下，並為她們端上茶水。

「你不要亂來喔！我身上有帶剪刀，你亂來，我會刺你！」

尖銳的語氣令我有些哭笑不得。「不是你們自己來找我的嗎？」我說。

「你不要亂來就對了！」小禮恐嚇般的揮舞著戒心，一口茶水也沒喝。

這舉動著實有些傷人，但我不怪她，畢竟那段時間徵信社的負面新聞滿天飛，甚至還有姦殺女委託人事件，唉！真是無良業者壞了一鍋粥！

小禮沒鬆懈戒備的眼神，繃緊身上每一寸神經，解釋來意。

「我是被領養的，沒見過親生父母。我不知道媽媽叫什麼名字，只知道我爸的名字。如果想找到我爸，要多少錢？」

我說：「我看你只是個學生，既然你這麼想找到爸爸，那包個紅包給我就好。」

能幫得上一個孩子就幫吧！我心裡這麼想。

我們從小禮的年齡去推算她爸爸的年紀，並且優先尋找離過婚、有出過些狀況的家庭……最後，篩選出她的生父極有可能住在嘉義的山上。

要知道山區本就偏僻，有時差一戶號碼就差了好幾公里。去山上找人那天，下著大雨、又遇上施工，地面全是泥濘。我和同事們的鞋子濕的濕、進土的進土，好不容易終於找到了小禮的生父。

我們沒能進門，就在大雨中，站在門口向他說明來意，最後表示女兒希望與他聯絡，詢問他是否同意將電話號碼給女兒。

交談過程中，我瞥見屋內散落著幾雙男童的鞋，顯示了他已建立新家庭的可能。

幸好，父親終究是同意了。

我們雀躍地請小禮到公司，告訴她這個好消息。原以為她應該會很開心，畢竟我們是一波三折又沒賺錢地在幫她找爸爸。沒想到她聽完後面無表情，接著調頭就走，一句謝謝都沒有。

這樣的態度難免讓人感到有些受傷。但我心想：會不會是得知爸爸原來過得好好的，還有了新家庭，卻這麼多年都不來找她，這樣的打擊傷到了她？

在少年之家當義工時，見過許多不會表達的「猴囡仔」，常透過三字經或是不雅的辱罵來表達情緒，包括生氣、討厭、感謝、喜歡。家庭的影響，讓他們豎起一根根刺，不願輕易地卸下心防。但其實很多人忽略了，他們的心比誰都軟。

收到小禮給的紅包後，我沒打開看是多少，直接捐給了育幼院。這個案子雖然沒賺到一分錢，但至少讓一個女孩有機會知道真相。所謂的「報酬」，早在找到她爸爸的那一刻獲得了。

雖然如果可以聽小禮說聲「謝謝」，我會更高興啦！

這些故事也許像是一則則心靈雞湯裡，相似的幾個；這樣的劇碼背後，人們的不得已，又或是人性的懶散、嫉妒、愚昧所造成的不負責，從某個角度看來可能令人嗤之以鼻。

但事實上，無盡的疑問、一次次自我懷疑的抗爭，在反覆掙扎裡找不到的答案，好奇、思念或不甘……只有當事人才知道這一路跌跌撞撞地走來，究竟需要經歷多少時間的摧殘和心理失衡的磨難。

心理學家阿德勒寫過：「幸運的人用童年治癒一生，不幸的人用一生治癒童年。」不管如何被治癒，至少我們都找到一些可以好起來的方法，希望這些修復的時間都不會太長。希望我們都能謹記著被愛的永恆，將其作為鼓舞勇氣的力量，持續選擇內心覺得正確的善良。

接下這些案件，並非是要顯得自己多麼神聖。我自認為這輩子做錯過很多事，成長過程也不盡完整，而如同文章開頭提到的，「與其說是案件，不如說更像某種『治癒』的良藥」，這些委託人猶如我心中一塊塊失散的拼圖，在幫助他們找到家人的同時，我彷彿也在過程中，找到那一處消失已久的缺憾。

我在一個又一個轉彎處遇見他們，給他們一把打開真相的鑰匙，而他們給了我一塊拼圖；我們各取所需，然後在下個轉角，互道再見。

當他們向我說「謝謝」，其實在那一刻，我也彌補了那麼一點點，關於我的童年和成年後的自己。小時候的我沒辦法幫助我自己，而看著他們，像看見一片片殘缺的自己。至少，我可以幫幫他們。

「請讓我幫你吧！」我這麼對委託人說，也這麼對兒時的自己說。

誰云歡場無真愛

原以為愛情可以填滿人生的遺憾，
然而製造更多遺憾的，卻偏偏是愛情。

事隔一年多，我還是記得很清楚，因為她真的是很特別的客戶。
她要找失蹤的男友。

第一次會面，我直接和她約在公司。當我還在路上時，她已經到了，同事們在群組裡嘰嘰喳喳地討論：

「今天的客戶好可愛喔。」

「長得好像洋娃娃。」

「很精緻的那種。」

很少聽他們這樣形容客戶，我有點詫異，也不禁好奇起來。

她是個各方面都「恰到好處」的女孩，妝容淡雅，似乎只淺淺地上層粉；不濃不淡的香氣、通透的大眼與巴掌大的小臉，全身都是如此地精緻。而談話的過程也十分融洽。女孩面容平和，語調輕柔而穩定，沒有咄咄逼人的氣場，也沒有排山倒海而來的情緒。她的一字一句、應對進退都相當得宜且客氣。這樣舒適的相處之下，很難不讓人對她產生好感及信任，也難以想像她的男朋友為何離開。

依照慣例，第一次見面時，先問來龍去脈。我反覆地詢問各個細節，因為許多重要資訊必須透過鉅細靡遺的探詢獲得。

她很坦白地告訴我，他們是在紅燈區的店裡認識的。

他原本是她的客人，對她十分貼心、溫柔，再三保證不介意她的過去，想要和她在一起，令她感動不已。

後來她離開那個工作場合，成了朝九晚五的上班族。不久，他們同居了。兩人世界很甜蜜，男友更表示和她是以結婚為前提交往，如果有小孩，他們就結婚。她沒想到自己做八大這行還能遇見好男人，由衷地感謝他。

在空調工程公司工作的男友勞動辛苦，收入不多。出於體恤，家中的支出全由她支付，但她想反正自己以前存了不少錢，生活上沒有什麼壓力。倒是常聽男友抱怨公司，她一方面溫柔鼓勵著，也心想或許有一天可以幫他創業。

這樣美好的同居生活，過了一年多……

她懷孕了。

太開心了！她開始夢想著兩人共組家庭，丈夫創業，而她將會是好媽媽、好太太……

孰料男友在得知她懷孕後，只丟下一句「我的家人不可能接受」，接著就失蹤了！電話不接、訊息不讀，連公司都不去，留下手足無措的她。

心知這段感情無法走下去，她痛苦地決定拿掉小孩，但仍冀望著動手術時，男友可以在身邊。於是她來找我，懇盼我們協助找到他。

我接下了委託。

很快地，我們便循線找到這個男人，原來他回到了宜蘭老家。

我們敲著大門，試圖請男人出來面對，來應門的是一名中年婦人，她充滿警戒地問：

「你們是誰？」

我們細細地向她解釋來龍去脈。豈料在得知男人讓女方懷孕後避不見面一事，她僅淡淡地說了一句：「那是他們的事情。」

上門見不到人，我們改為蟄伏等候。但他像是蜷縮在家裡，電話不接，家門不出。我們在那裡等候了好一段時日，自始至終都沒法見上他一面。

他就那樣躲著，像是想要切斷與世界的聯繫一樣。我們無法揣摩他確切的想法。

也許他當初的溫柔只是一時激情？女孩確實很漂亮，無庸置疑。也許他當初的承諾只是兒戲，沒有經過深思熟慮？也許他覺得有人幫他負擔生活開支很方便？就算那是利用對方的愛換來的。也許……

直到被懷孕的現實狠狠地打了一巴掌，他才終於意識到情況的嚴重性。他還是介意她的過去、拋開自己的承諾，最後選擇了逃避，甚至把責任和藉口推給家人，不願意自己當壞人。

看著這樣窩囊的結局，不得不說我真心對人性感到非常難過與失望。

原以為愛情可以填滿人生的遺憾，然而製造更多遺憾的，卻偏偏是愛情。

最後，我只能如實回報。

我們約在火鍋店，我仔細地將在男人家門口發生的事情告訴女孩。

得知這個結果後，女孩沒有太多情緒上的波動，至少從面容上看不出來。

但我無法不帶情緒。我不斷批評那個男生、罵他很不負責……講了一長串來發洩心中的怒火。女孩只是慢條斯理地吃著火鍋，並聽著我抱怨她的前男友。

我是屬於比較急的人，就算一邊抱怨，我還是三兩下就將鍋內的食物掃個精光。

「你都不會燙嗎？」她驚訝地抬頭看我。

我沒有回答。

看著眼前這個吃著火鍋的女孩，想著她一個人平靜地躺在手術台上，冰冷的燈光照著她的臉，聽著手術儀器運轉的聲音離她愈來愈近，身旁沒有人陪……想著她接下來將承受的一切，我緊閉著雙眼，一陣酸楚湧上來，覺得自己很沒用。

「之後的手術……有人陪你嗎？或者，要不要讓我們公司的女同事陪你去？」我盡量含蓄地問，小心翼翼地怕傷著了她。

「不用了。」她回，接著客客氣氣地向我和同事的協助道謝，就像初次見面時那樣。

後來聽說她自己默默去拿掉了小孩，不願意讓任何人陪。

古龍曾經在《邊城浪子》裡，借蕭別離和葉開之口有所感慨——

蕭別離道：「這地方的女人，也未必人人都是拜金的。」

葉開道：「我倒寧願她們如此。」

蕭別離道：「為什麼？」

葉開道：「這樣子反而無牽無掛，也不會有煩惱。」

蕭別離道：「你的意思是不是說，有情的人就有煩惱？」

那個女孩讓我想起戲曲裡的董小宛，為了所愛的人，願意「卻管弦，洗鉛華，精學女紅」，更願意傾己所有以成全心上人。

董小宛、梁紅玉、李師師、柳如是，都曾因故流落歡場，但其至情至性，多麼值得被寵愛與珍惜。天下有心人，盡解相思死。天下負心人，不識相思字。

看著女孩的社交動態，現在的她有一份自己的小事業，生活似乎也過得不錯，我為此感到欣慰。

同時不禁好奇，那位男友是否找到了比她更愛他的女孩？

午夜夢迴時，他可曾後悔？

長腿叔叔

「長腿叔叔」原來不只是故事。現實裡，真的有這樣的人。

小時候看過一部小說改編的動畫《長腿叔叔》，女主角是孤兒，受到一名善心人士長期資助念書，但他不要任何回報，只要求女孩固定寫信給他。女孩連他的名字都不知道，只看過他的背影、腿很長，便稱他為「長腿叔叔」。

單純地助人、不求回報，並持之以恆地給予對方資助與幫忙，這在現今社會是極難想像的。但還真的有這樣的人，他幫助了一個女孩。

一名樣貌青澀、打扮純樸的女孩來我們公司，想委託尋人，但她只有對方的銀行帳戶和 LINE 的帳號。

對於任何尋人的委託，我都必須詳細地問清楚來龍去脈與原因，以免被利用作為不好的用途，所以我請女孩告訴我尋人的目的和緣由。她低下頭，頓了頓之後，開始娓娓敘說……

三年多前，她在交友平台認識了這個人。

女孩的父親生意失敗後，終日沉溺於酒精；母親在失望透頂之下，不告而別。家庭破碎，並失去了經濟支柱，女孩無法再繼續求學，想投入職場。但這個人要她別擔心，他願意負擔她念書的所有必要開銷。

她半信半疑地給了銀行帳號，並一再詢問是不是得用「其他」方式償還這些費用，但他再三保證自己沒有任何目的，只是想幫忙。

很快地，她的銀行戶頭轉入了第一筆匯款。

一開始，她非常忐忑，擔心這筆經濟資助隨時會中斷，也擔心哪一天這個男人突然出現要討回恩情，要求她配合做奇怪的事。

三年多來，總是有一筆錢非常準時地匯入她的戶頭。然而，他從來沒有要求見面，也不要求視訊，甚至連通電話都沒有，對她更從未有過任何「特殊」的要求，只定期通訊息，關心她的狀況。

她沒看過這個男人的照片，不曉得他長什麼樣子，只是透過文字對話猜到他似乎經營一家汽車修理廠，其他的資訊極少。後來，她心中竟隱隱盼望有一天，這位不知是叔叔還是大哥哥的人會出現在自己面前。

這份資助一直持續至女孩大學畢業。

如今她有了一份穩定的工作可以自力更生，希望能夠還他錢的時候，他卻突然斷了聯絡，杳無音訊，連句再見也沒留下。於是她找上我們，希望可以就有限的資訊找到她的「長腿叔叔」。

但我拒絕了她。

我想，這位「長腿叔叔」不願意見面與聯絡，必然有其原因。有些事情也不見得需要追根究柢。

「你想要報答他，那麼以後當你也遇到需要幫助的人，就像他一樣不求回報地幫助對方就好。懂得感恩的你，以後一定會有好的際遇。好的人之間一定會互相吸引的。」

我對女孩說。

她雖然感到很可惜，但仍然接受了這個建議。

然而，不是每一位「長腿叔叔」都能遇到知恩圖報的對象。

一名男性客戶委託我們尋找一位他從沒見過面的女網友。

他因為婚姻出了嚴重的狀況，上網路聊天室排解鬱悶而認識她，兩人每天都通電話。在人生的低潮日子中，每天和女孩通話帶給他莫大的撫慰，他甚至幻想著離婚後，可以跟她在一起。

不過認識一年來，她常常有「特殊狀況」：弟弟生病；家人出車禍；爸爸做生意失敗而欠了錢……雖然他覺得有點奇怪，但因為對她有期待，甚至已經把從未見過面的她看作戀人與家人，所以前後共匯了兩百多萬元給她（聽到這裡，我心想這種錢真好賺）。

然而，當他真的下定決心結束了婚姻，提出見面的要求時，她卻說自己患了腦瘤（聽到這邊，我就肯定百分百是詐騙），希望他可以找新的對象，不要浪費時間在她身上。

他想找出她來。

「這極有可能是詐欺。」我告訴他。

但他說：「沒關係。因為如果她是真的生病了，我想陪著她。」

我反問：「那如果對方什麼病都沒有，就是詐騙呢？」

他未多作考慮便回答：「那也沒關係，我就算了，不追究。」

但我也有我的工作原則。我告訴他，如果揪出對方是詐騙也不追究，那我不想接；除非他同意若發現是詐騙就報警，我才願意協助找人。

最後他答應了。

以尋人來說，委託人提供的資訊非常充分，因為每次要送她東西，都是寄到花蓮的一家便利商店，所以那裡必然與她有強烈的地緣關係。

事情很快有了結果，比預期中還簡單。對方給的匯款帳戶是她弟弟的，查出來的地址就在那家便利商店附近，所以我們很快就找到了她家。她也很訝異被詐騙的對象竟然找上門，所以很快便坦承一切：她非常健康，弟弟沒生病，爸爸也沒欠債。唯一不相符的是，她的長相與清秀的照片落差相當大。

最後，客戶還是沒有報警，因為真心地感謝曾經有她陪伴著度過婚變的那段日子。

但雙方約定好，女方得按月攤還之前騙得的款項。

有人問過我：「徵信這行做久了，對人，會不會不信任？」其實是會的。

但同時，我也見證了許多正向的案例：還是有人即使被傷害，仍然保持良善；還是有人願意為善不欲人知地做好事；還是有人很珍惜每一段緣分與感情，即使從未見過對方。

我不是什麼好人，對人確實也信任不足。但我知道，永遠要對良善抱持希望。

整個城市幫忙找一個人

感謝許多人發揮了熱情與善良，幫助一位單親媽媽卸下無比的擔憂。

如今的網路時代，大部分的人習慣使用 Facebook、Instagram 等社群平台，在這些平台上做廣告社群的我們也不時得面臨「祖克柏」荼毒，比如那宛如垂死心跳般的觸擊率。不過，在我的職業生涯中發生過一件事情，卻讓我發自內心地想要感謝祖克柏。

某天深夜，公司的電話響起。聽到鈴聲那瞬間，我皺起眉頭——感覺又是個很麻煩的案件。接起電話一聽對方來意，案子果然棘手，但我不忍心推掉。

來電的是住在台中的單親媽媽，語氣急促地請我們幫忙找回小孩。

她因為遭到丈夫家暴而離婚，此後，自己想辦法扶養孩子。孩子是自閉兒合併妥瑞症，得花費更多心思照顧，但無論如何都是自己的親生骨肉，就算再辛苦，她也咬牙努力，想盡辦法給孩子穩定的經濟條件和身心陪伴。

只不過，母愛再怎麼偉大，母親終究只有自己一個人，得獨自面對生活重擔與孩子的教育問題。而人難免有情緒，辛苦工作一天後，回家面對孩子不受教、難以溝通，被怒氣沖昏頭的母親情緒失控地痛罵兒子。

隔天一早當她睡醒，冷靜了下來，想要母子倆好好地談一談，卻發現小孩不在家，他固定存零用錢的罐子也空了……她擔心正值青春期的孩子是離家出走！

在家附近找不到人，她緊接著去報警，然而找了七天都沒有任何收穫。剛好在返家的路上，看見我們公司的廣告，於是抱著一絲希望來電詢問。

透過電話中的聲音，我完全可以感覺到這名單親媽媽的擔憂與焦躁，但因為夜已深，就算想要立刻出發找人也完全沒有辦法。我只能先努力安撫這位焦急的母親，記錄下小孩的相關資料後，承諾她一大早就會著手處理。

老實說，「尋人」雖然與「跟監」、「捉姦」並列為徵信社的三大業務，但是尋人是其中收費最低、困難度最高，並且成功率十分低的一個項目，因為所能掌握的線索太少了。就算我們徵信業者握有特殊的資源管道，也很難順利地找到人。但是這位單親媽媽的啜泣聲不斷迴盪耳邊，實在令我於心不忍……

苦思一夜，分析最有效率的尋人方向，並整理好自己跟著憂心的情緒之後，一等到白天，我立刻召集同事們討論這個案子，迅速地將小孩的資料散發出去，並交辦各個同事開始尋人：有夥伴立刻聯繫認識的台中員警和朋友，請他們幫忙留意；擅長網路的夥伴則著手搜尋台中在地的許多臉書社團，徵得管理員同意後，張貼尋人啟事。

但我也很清楚，我們的這些努力都是「只能做到這樣」，接下來就只能等待，無止境地等待……

假如運氣好，或許會有人剛好遇上這孩子。若運氣不好，只能對這位單親媽媽兩手一攤，表示我們盡力了——這真是我最討厭的情況。

或許是自小與媽媽分開的緣故，我對於「母親的淚水」始終沒有任何抵抗力。過往的案件中，只要是為人母的女性來委託案件，我都想要竭盡所能地幫助她們，哪怕案件再怎麼不可能，我總是會逼迫自己做到完全沒辦法為止。

邊看著同事張貼在公司臉書粉絲團的尋人啟事，我邊苦惱著還有什麼辦法可以加強尋人的力道。這時，臉書照慣例跳出一個畫面，顯示尋人啟事的貼文觸擊率很高，可以投放廣告讓這篇貼文觸及到更多人。

若是平時來看，只覺得這就是臉書固定要我們下廣告預算的策略。但就在這時，我腦袋一轉，突然想到：「臉書的廣告不是能夠針對區域投放嗎？」

我先做了一個小實驗，發現這個推論果然是正確的，緊接著就與負責投放廣告的夥伴討論。透過臉書的廣告系統，我將公司粉絲團的這篇「尋人啟事」貼文投放給台中地區的廣告客群，希望能夠收到更多有用的情報。

事情進展得很順利，過沒多久，公司粉絲團陸續收到許多熱心網友協助：有人來詢問更多細節，表示自己可以騎車出去幫忙找；有人更直接提供明確的情報，從麥當勞、火車站到公園，都有人看到疑似我們在尋找的孩子。

根據不少網友的回報，這孩子一發現有人注意自己就一溜煙地跑走，不知道跑向何方，讓這些原以為幫得上忙的網友十分氣餒。

「不要這樣想，您這個訊息對我們來講真的就是很大的幫助了。」每當看到網友給

予回應，我們都很感謝他們的協助。這並非客氣，而是實話，因為雖然沒能當場留住孩子，不過透過彙整這些資訊，我們已經有辦法拼湊出他的行進路線。

我們打開大台中地區的地圖，依照網友提供的情報，以目擊時間與地點一一做上標記，推敲這孩子下一個可能的移動區域，並且安排同事們前往附近尋找。

隔天凌晨，又有網友告知在火車站前發現小孩的蹤跡。正在附近搜尋的夥伴一接到通知便立刻前往。不久，我接到電話——

「博哥！我們找到他了！」

同事說，這個離家出走七天的孩子被當地的街友照顧著。流浪多日的他又累又餓，但身體與精神狀況都良好。

聽到這個消息，我終於鬆一口氣。

藉由整個城市尋找一個人的動員力量，讓我們見證到許多人發揮了熱情與善良，更幫助一位單親媽媽卸下無比的擔憂。

我從沒想過可以用投放廣告的方式尋人，放手一試，幸而最終成功了。不過，如果祖克柏能修改那該死的演算法，還我們正常的觸擊率，我應該會更加感謝他。

第六次委託

我明白，她是透過我們的調查，補綴著心中那面破碎的鏡子。

對任何一家徵信社來說，古小姐絕對是位好客戶。原因一：她很阿莎力，付錢從來沒有殺價或拖延；原因二：不管你怎麼勸她、如何婉拒，她就是要委託，而且每過一陣子，她就會出現在公司門口；原因三：每一次她都篤定「這次調查一定能查出什麼」，但事實上，我明白她心底並不希望查到「什麼」。

古小姐委託我們做外遇調查，每次的對象都是她先生。

除了第一次委託是由我接洽，之後每回她上門，我都交給其他業務夥伴去處理，因為我太容易讓事情往心裡去，每見她出現，都令我心頭一揪。

這次，她又來委託調查她先生。我坐在會客室外的辦公座位上，靜靜聽著業務小恩與她的對話。我聽著古小姐用各種語句反覆地對小恩陳述一個概念：

「這次，我先生一定有問題。」

古小姐是一名很有氣質的四十多歲女性，服飾似乎都不是知名品牌，但相當高雅大方，留著香菇狀短髮的她有張線條柔和的圓臉，眼神溫柔，但總是有蓋不住的黑眼圈。她先生是一名高階業務主管，常常有出差、應酬的機會。這回古小姐來請我們幫忙，是因為先生說從後天起要去南部出差兩天，找朋友談生意；但是這兩天，他好像上廁所時間特別久，她在廁所外偷聽，似乎隱約聽見先生與一名女性通話。於是她再次請我們調查，看先生是否真的去出差，以及是否藉著出差之便，和其他女人在一起。

小恩承接這份委託後，便積極地著手準備為期兩天的行蹤調查。在整理資料的過程中，他問我這是古小姐第幾次來委託我們公司調查先生。

「第六次。」我告訴他。

小恩聽了，好奇地問：「那前五次的行蹤調查，她的先生有問題嗎？」

「沒有。而且他很乖，每到一個地方都會打電話向她報備。」

「那應該就沒問題啊！她是不是疑心病太重，重出病來了？」他有點不以為然地說。

我沒繼續回答。

為了慎重起見，我們在古小姐先生的車上裝了追蹤器，並且安排一組夥伴從北部開始跟車，另一組人則在當天他可能下榻的飯店大廳喬裝等待。

第一天就如古小姐聽說的，他驅車去拜訪客戶。當天的所有行程，我們都尾隨其後並錄影、拍照，看起來都是公務拜訪行程，沒什麼問題。

然而，小恩快要失去耐心了，因為古小姐幾乎每五分鐘就傳訊息追問丈夫的行程。只要小恩沒有即時回訊息，LINE的電話馬上接著響起。

古小姐在簽約時都十分溫和，但只要我們開始行蹤調查，她就會不停地想要知道各種細節，哪怕是先生去公路休息區上廁所，她都要我們跟進去看看他是否偷偷和女人通電話。向她回報丈夫到每個地點的時間，她都要求必須精準到「分」，因為她要比對先生跟她回報的時間，哪怕中間的誤差只有五分鐘，她就會開始反覆地探詢剛剛丈夫的一舉一動是否有問題。

小恩是第一次遇到這樣緊迫盯人的委託人。他愁眉苦臉地問我能否換別的業務接手，我只回了一個讓他乖乖回座的神情。回到座位上，他忍不住抱怨：「這女的根本有病吧！疑心病那麼重。她先生就沒問題啊！」我只默默地聽著。

古小姐的先生回到飯店後，我們也開了相同樓層的房間以便監控，同時透過隔牆聽外接錄音設備，確認了房內沒有其他人；並在房外的滅火器上架設了臨時的針孔攝影機，以確保若他外出或是有異性去找他，能即時掌握。

然而一整晚，他都沒有外出。古小姐傳給小恩的訊息與電話，也一整晚沒有停過。

兩天的行蹤調查很快就結束了，古小姐的先生也在我們的注視下，將車子開回了住家社區的停車場。

小恩回報這項動態後，長舒一口氣，想著終於結案了。沒想到一分鐘後，古小姐又打電話來：「你確定我先生有下停車場嗎？他還沒進家門。」「他會不會開車下去後，又開出來？」「你們的人會不會看錯？」

我看得出小恩快爆炸了。他深吸一口氣，原本好像要對電話那頭說些什麼，但是發現我在盯著他，於是硬生生地將本來要說出口的話吞了回去，緩了兩秒後，告訴古小姐：「我幫你確認看看。」

他正要傳訊息請調查夥伴確認停車場狀況與盯著社區大門口時，古小姐的訊息傳來了：「我先生回家了。謝謝你們，辛苦了。」

收到這訊息的小恩，開始對著業務區的同事們抱怨古小姐的「疑心病」，語帶嘲諷地說：「這根本是神經病，整天在杞人憂天！」

我緩步走去業務區，坐了下來，開始告訴他們我所知道的古小姐——

丈夫是古小姐的第一個男友，兩人從高中時代一路交往至結婚，一直是大家眼中的神仙伴侶。婚後，先生努力工作，她則顧好家裡，做先生在外衝刺的後盾。

兩年前的某天，先生的下屬傳訊息給她，提醒她多注意丈夫的行為。她只覺得莫名其妙，轉身就把這則私訊內容告訴先生。先生說，這個下屬一定是因為在職場上不得志，才會在背後說這些風言風語。

然而漸漸地，丈夫的行為讓原本一心信任的古小姐開始感到怪異。他回家的時間愈來愈晚；他脫下來的衣服，常飄散出一股特定的香水味；內褲似乎有體液的氣味……後來她在朋友的提點下，拿了先生車上的行車紀錄器去看，發現他固定與公司的一位女同事有「溫馨接送情」，更在車上有各種淫穢不堪的行為！一想到後座還擺著孩子的安全座椅，他們兩人卻在孩子的座位旁偷情，她崩潰了……

隔天，送先生和小孩出門後，古小姐吞了大量安眠藥自殺。幸好，被救了回來。先生哭著向她道歉，保證再也不會有類似的行為，同時應獵人頭公司之邀去了另一家公司，並在她面前打電話給小三，表示再也不聯絡。

但信任破了，就再也回不來了。

兩年來，古小姐的先生很盡力地想要彌補那段錯誤。然而，每次只要丈夫的手機響起訊息聲，她便心頭一震；只要先生出差或應酬，就開始有各種想像在她心中輪番搬演。從那時起，她找上了我們，透過我們的調查，她心裡的糾結才能夠稍獲舒緩。

其實我早在第一次收到委託時，就勸過她。但她的執著讓我發現，繼續在她需要幫忙調查的時候調查，對她反而比較好。

「杞人憂天」這個成語，如今是形容人有不必要的憂慮。但我藉此告訴夥伴，《列子．天瑞》中的這位「杞人」為何如此擔心天塌地崩。他的國家「杞國」長期因內亂與鄰國逼迫，人民得不斷遷徙；或許是戰亂的憂患，使得這名杞人擔憂起許多未知的事情，也或許是因見到太多無法承受的事情，所以他想保護僅有的一切，因而如此憂慮著一切他不明白或不了解的事情。

我們不知道這名杞人看過什麼、聽過什麼；同樣地，我們也沒有與這名客戶一同經歷曾經遭背叛的過程，於是不應該武斷地論定她的擔憂都是無謂、沒必要的。她也正是透過我們的調查，一片又一片地補綴心中那面已經破碎的鏡子，不然她大可離婚就好。

從那以後，古小姐已經好幾個月沒有來找我們了。我衷心地盼望，她心中的那面鏡子已經補起來了。

與天使的約定

那張一家三口手牽手的背影照，是我看過最美的照片之一。

第一次見到蕭，清秀臉龐配上黑邊眼鏡，襯托出斯文氣質，說起話來輕聲細語，帶著對老婆的滿滿疼惜。

直到經過我們的調查，妻子出軌的真相一幕幕浮現眼前，雖然他仍然保持淡定和禮貌，卻被顫抖的手出賣了極力壓抑的情緒。

「你想捉姦上告？和太太攤牌？還是想繼續維繫家庭？」我照例詢問委託人的意願，準備採取下一步措施。

一般來說，委託人愈是情緒崩潰、失去理智，愈是給徵信業者更多上下其手的空間。

咬牙切齒的暴怒、怒火中燒的爆哭……報復的仇恨往往被轉化為徵信業者的實體收入。如果不甘心或恨意可以量化，大概就是一張張發票上的數字。

偏偏有時候再高價，也買不著一個真相，與一段逝去的感情。

「我想要繼續這段婚姻……」蕭強作鎮定地說。

蕭找上我們時，說他和太太有個還不滿一歲的可愛兒子，可是近來太太一直提離婚。他覺得明明他們一家和樂，反省自己，賺的錢都上繳、心思也放在家裡，不明白太太為何這麼堅持，不由得懷疑是不是她有了外遇。

雖然不願猜忌，但種種跡象還是迫使他找來這裡。

經過調查，我們在短短一週內，便蒐集到蕭的妻子與一名男子上汽車旅館兩次的證據。我把照片給蕭看，問：「你認識他嗎？」

「認識！」他難掩震驚，眼中卻透出「果真如此」的失落。

攤開證據，蕭一眼便認出照片中的男性是太太的命理老師。

太太在產後辭去護理師的工作，自己帶小孩。一段時間後，她表示希望未來朝諮商工作發展。但因非心理系畢業，並且要兼及照顧孩子，於是透過線上課程學習命理，認識這位「命理老師」。

「所以你想繼續維繫家庭？」我再次確認，還是帶著一點詫異。男人面對婚姻與感情問題時，往往比女人更執著，這是我踏入徵信工作多年來所得到令人意外的心得。

「我第一次牽到她的手時，就告訴她，這輩子我都會不離不棄。」蕭的手仍在顫抖。第一次看見太太是她還在急診室當護理師時，只覺得她漂亮得像個天使。擔任救護員的蕭送患者到醫院，對太太一見鍾情，認定她是自己一生中唯一的女神。

好不容易可以牽起她的手，他獻上了珍貴且鄭重的承諾，同事們都羨慕他的好運，他也總覺得是自己高攀。但他很確定，自己那一輩子的承諾有多堅決。

確認委託人選擇繼續維繫家庭後，我們的下一步便是盡可能地「無痛」趕走「小王」。經過評估，出軌的對象因為命理師職業關係，並非封閉型工作，所需接觸的人形形色色，而由招惹人妻一事可合理推斷其道德標準應該不會太高。

目標特寫清楚後，我們開始擬訂腳本。

首先，安排一位多金的離婚少婦「A女」：她以學命理為由接近對方。起初命理男斯文地保持客氣態度，但在言談間不時地試探A女是否仍與前夫聯絡。一週後，A女收到他的訊息：「今天喝了點酒，不知道為何，滿腦子竟然都是你……」

同時，派出「B女」：她故意造成雙方的車子擦撞，以不想報案為由進一步與命理男認識。果然沒多久，他也與B女展開曖昧。

而在主角「蕭的太太」這方面，我們也技術上引起她對命理男的懷疑。

命理男不僅分別與A、B兩女約會，不久更與A女確認了交往關係，親暱地以「老公」、「老婆」相稱。而這段期間還發生一件有趣的插曲：分公司收到一名貴婦的丈夫委託捉姦，對象也是命理師——沒錯，正是這位精通「時間管理」的命理大師。

各方部署妥當後，主舞台的戲碼上場：就在蕭的太太與命理男上汽車旅館時，A女現身捉姦。

「你這個狐狸精，敢勾引我老公！」

車子轉進汽車旅館的剎那，A女衝出來攔住去路，破口大罵，同時手腳伶俐地狠狠揪起副駕駛座蕭太太的頭髮，硬生生地把她從車裡拽出。

「我告訴你，你也別太得意，你不過是他其中一隻自己會送錢的雞而已！」

A女丟出我們事先準備好的命理男與B女的約會照，看傻了沉浸在愛河裡的蕭太太，一棒打得「斯文的命理師」瞬間現出妖魔鬼怪原型。

A女的搏命演出就此告一段落。女人的心碎，有時只能由另一個女人來告知。

在委託人蕭這邊，還有一幕收尾的戲：經由安排，我們派人至蕭面前嗆聲，協助他演出一場「有人來嗆聲要我管好老婆，但我把他們擺平了」的戲碼。

一來，讓蕭的太太知道自己做的事可能會被丈夫發現；二來，蕭在這時展現對太太的信任，讓她有機會良心發現，回歸家庭；其三，則是讓蕭藉此表現出「會處理好一切」的決心和氣魄。

「對不起……」

夫妻倆相擁而泣，彼此落下的淚水在那一晚凋零於月色中，腐爛，然後又長出新的枝椏。

最後，我方成功地要求命理男簽訂契約，賠償新台幣兩百萬元，並承諾不得以書信、語音、文字、圖像等任何通信軟體騷擾蕭太太，如有違反，他將付出一千萬元賠償金

的代價。

幾年後，透過臉書，看見蕭和太太、小孩一家三口的背影照片，兩個大人一起牽著孩子的手，緊緊維繫著一個家庭。

在這快速汰舊換新的年代，承諾往往如同兩、三年就換一次的手機，變得可以隨時拋棄。有些人走著走著就散了，在下一個路口繼續遇見一群又一群的人，像永遠追逐不完。又或者在這年頭，「白頭偕老」已不是那麼稀罕？

雖然如此，但我慶幸還是有蕭這樣的人，很勇敢地去面對和修復，那是我無法相比擬的勇氣。經歷過搖搖欲墜的殘缺後，磨出了一個更加堅韌、完整的家庭。我由衷地祝福他們，相信他們會一直幸福下去。

那張一家三口手牽手的背影照，是我看過最美的照片之一。

再陪你努力一次

我沒有收她的錢，只為她和丈夫這一次的勇敢。

煽動當事人的情緒，無論是憤怒或悲傷，只要讓當事人失去理智，永遠都是讓徵信社提高獲利空間的不二法門。

因為人在情緒激昂時，判斷力往往容易失準。在這時候，煽動委託人進行捉姦、代客教訓、報復等各式各樣不理性的行為，最後都可以轉化成為徵信業者口袋裡的「摳摳」。

但，這真的是你需要的嗎？

有位太太打電話來，希望我們調查她的先生。

這位委託人華姐表示，先生一直以來都是好丈夫，也是孩子們心中的好爸爸。他相貌斯文、學歷不錯，還是上櫃公司的董事長。

然而有好一段時間了，丈夫變得鬱鬱寡歡。兩人原本互動熱絡，但在丈夫敷衍的「嗯」、「喔」、「好」等單詞回覆之下，漸漸變得冷淡。甚至近一年來，夫妻間的親密行為也趨於零。

除此之外，以前喜歡陪伴孩子的丈夫，現在總是心不在焉地待在一旁，沉默寡言又心事重重的樣子，與孩子們的歡聲笑語成了反差。

回想起來，這一切的變化，似乎是從丈夫往返大陸工作後開始的。

華姐急著想搞清楚是怎麼回事，嘗試上網搜尋有沒有人遇到類似的狀況，然而那一頁頁的文章標題，不外乎是加粗字體的「男人外遇的十個跡象」、「如果男人有這十種狀況，那你該小心了！」等類型，彷彿是地球毀滅前的預告，如果還不知道這幾個跡象，就是沒有掌握到重要的情報資訊，最後只能等著家庭破裂。

在我看來，這樣的文章只是一群想法負面的人，為了讓更多無助者產生共鳴的引導。拿所謂「男人外遇的十個跡象」來說，其實無論有沒有外遇，或許你都可以找到三、五個符合的點。但就我入行十幾年的經驗來說，有些男人偷吃後回到家，會對太太特別好，有些人則對太太冷漠，每個人外遇的表徵不盡相同，又怎是區區幾個「跡象」就可妄加定論。

網路搜尋功能本是讓人用來查找資料、解惑用的，但看似正經八百的文章內容也不見得都正確。

非但如此，有時常會套上心靈雞湯的假象，讓人不知不覺地一口一口喝下摧殘心智的毒，不僅解決不了問題，甚至反而使得伴侶之間產生不必要的懷疑。

華姐就是看了網路上一篇篇「驚悚」的文章後，決定來找我們調查。

「他一定是在大陸有女人了！不然他以前從來不會這樣的！」她信誓旦旦地告訴我，丈夫一定是外遇了。

我搬出由多年經驗得出的「三個評估提問」來與她確認。

第一問：「丈夫有向你提離婚？」

答案是「沒有」。

第二問：「丈夫愛不愛孩子？」

華姐覺得丈夫確實不如以往會花時間與孩子相處，但也說不上不愛。

第三問：「丈夫有沒有固定拿家用回家，並且給足額？」

這個家用的部分，雖然如期，卻沒有如數。華姐由此肯定，丈夫一定是把錢拿去外面包養小三。

在經手每一件案子之前，我們都必須確確實實地了解委託人與當事人的各種狀況，包括個性、家庭背景、成長環境、心理素質與工作狀況等，由此推敲、拼湊整個案件樣貌，評估其中是否有資訊落差。

在確定沒問題後，才能依循線索，為每位委託人量身制定合適的方針與策略。

接下這個案子之前，我們找到華姐丈夫的公司，透過公開資訊查詢該公司的財務報表，從財報的流動資產檢查是否有負債，發現公司前年的財報現金還有幾千萬，負債也不高。

然而，去年的財報流動資金卻不到一千萬，負債比更飆升至危險的水平線，這說明公司營運狀況出現很大的問題。

「華姐，你看，這是這一年來，你先生公司的財務狀況。一個男人如果處於這種高壓狀態，很難有心思養小三啦。」

透過華姐先前對丈夫的描述，我推想他是屬於比較老實的類型。從公司的財報中可以推敲，拓展大陸市場的壓力恐怕相當沉重，尤其他那個產業無論在台灣或大陸的競爭都相當激烈。

經過一番評估，我決定先讓華姐看看這些數據。

「我確實不是很懂這些，也不太過問他生意上的事。」

聽到這裡，華姐承認自己對丈夫的工作情況確實不大了解。

「不然這樣吧，你先把找徵信社的錢存起來，就當已經被我騙走了。等你先生這次從大陸回來，為他煮一桌他愛吃的菜，讓兩個小孩寫張卡片對爸爸說：『爸爸，辛苦了！我愛你！』就是溫馨點的那種。你自己也可以寫一些想對他說的感謝的話，好好抱他一下，謝謝他為家付出的一切。讓他知道他的努力，家人都看在眼裡。」我告訴華姐一個能感動大部分男人心的方法。

人吶，沒有誰是百分百不會說謊的。很多事情一旦調查下去，看見的真相不一定是自己所能承受的；換個角度來說，當事人若發現自己被調查，兩人之間的信任恐怕也會出現裂痕。

「可是……我很久沒抱他了耶。老夫老妻，怪肉麻的，也不知道抱不抱得下去。」華姐思索好一會兒，難為情地說。

「你就突破一下嘛！搞不好你先生真的只是太累了呢？」

在我們遊說下，華姐決定突破心防，嘗試一下。

華姐最後一次打電話來，對我描述她抱了丈夫後，一向不表露脆弱的丈夫竟然哭了！那天，一家子久違地一起坐在餐桌前，好好吃了一頓飯，心連著心陪伴在彼此身旁，像真正「一家人」的樣子。

他們夫妻倆也藉此機會，把話說開。看見一直以來如山一般堅強的丈夫流淚，她也忍不住哭了起來。相互坦誠面對，讓兩人再次拉近了親密的距離。

「你說的應該是對的。我想再陪他努力一次。」最後，華姐這麼告訴我。

我沒有收她的錢，只為她和丈夫這一次的勇敢。

在傳統價值觀裡，總希望男人像座屹立不搖的「山」，得穩重，得禁得起風雨摧殘。因此遇到挫折時，很少男人會大聲嚷嚷「好累」，許多男性不管在外面遇到多少艱難，都盡量提醒自己不要把不愉快帶回家，藏起沉重，讓人只見山的翠綠。

我想，或許這是一種表達愛的方式。

從兩人戀愛、步入婚姻、迎接新生命，直至孩子的第一聲哭啼、第一次說話、跨出的第一步路……由零開始累積的幸福，化作城市的萬千燈火之一，不是最特別，不一定有多遠大的志向，卻是以「家」的形式存在的珍貴溫暖，以守護所維繫的愛。

每次看見這樣的男人，總讓我想起蠟筆小新的爸爸野原廣志：一套西裝、手提公事包的標配，每日像擠沙丁魚般的擠上電車，展開一天的工作；奔波在城市裡，不時得忍受上司罵聲連天，不時又得向客戶鞠躬哈腰、賠禮道歉……一整天的忙碌，明明累

得像狗，卻總會在打開家門前，深呼吸一口氣，然後展開笑容地大喊：

「我回來了！」

在這一刻，為了能夠守護住這份小小的幸福，那麼再累也都值得了。

四、真相的研究

在許多同行眼中，我是個徹頭徹尾的笨蛋。
但我覺得我賺錢賺得心安理得，也睡得安穩。
若能由此開始起什麼改變也好，
至少我希望，這個行業不只是發揮完功能就被嫌髒、嫌臭的馬桶而已。
我想，這就是我要的。

尋人的基本功

不會尋人，不能稱作「稱職的」徵信社員工。

在這個由人組成的社會，若想要知道不為人知的祕密，就必須去找與他分享祕密的人；若想要知道對方的下落，當然是先去找關係最密切的親友。尋人、調查可說是徵信社的老本行，畢竟不管是外遇捉姦或跟蹤調查，第一步都是先從「尋人」開始。就算是最一般的徵信調查，若沒有找到人，就無法開始進行。

可以說如果不會尋人，基本上不能稱作「稱職的」徵信社員工。

而且要知道，不是只有徵信社會尋人，警察、調查局，甚至連紅十字會都有相關服務。如果無法比其他單位還強，那也別做徵信工作了，找個鐵飯碗還比較保險。

那麼，徵信社是如何尋人的呢？

尋人的兩個基本方法

【土法煉鋼】費時、費力，但花費較省

徵信社尋人的方法中，最基本的就是採取「土法煉鋼」，利用委託人提供的線索，例如長相、姓名、過去的地址、電話等，一一循線搜查。

【相關管道】省時、省力，但費用較高

但由於費時又費力，甚至有可能花費大把時間和金錢，結果一無所獲，所以有時候會透過「相關管道」，利用該管道所提供的情報讓委託案的成功率變高，並縮短完成時間。但由於所謂的「相關管道」都需要用錢換取情報，因而會增加花費。到底要省時間，還是要省費用，就看委託人的輕重緩急來決定。

因此，若委託人或「相關管道」能提供的情報愈多，尋人自然也能愈順利。但話說

回來，倘若委託人本身就有夠多的線索，又何必找徵信社呢？所以會來委託徵信社的尋人案件，往往都是棘手中的棘手。

我的私房尋人心法

有朋友問：「你們徵信社不是都偷偷跟警方合作嗎？」早期的業界可能有這樣的情況，比如利用警方的資料庫。但是現在的個資保護觀念很強，並且資料庫的相關防範更嚴格。

此外，如果是失蹤長達數年的對象，細部的資料很難挖掘，最後還是得靠人力搜尋。就算是資料庫，其實還是有不少漏洞，像是社福、衛福與警政這三方面的資料有時未整合，就算運氣好能看到資料，也可能是錯誤資訊，比如改了姓名，資料庫卻未即時更新，很可能會造成誤導。

【心理建設】證據斷掉很正常

關於尋人，我都會先教公司的夥伴一個概念：「證據斷掉很正常」，所以不要氣餒。

尋人的成功率比捉姦還低，道理很簡單。熱戀中的人一星期至少會見一次面，同環境的人甚至會趁著中午約會。但是尋人不一樣，要排除的項目太多了：對方是生、是死？是躲債？還是被人綁架？……正因為一開始往往不曉得是因什麼理由而失去行蹤，勢必會面臨千頭萬緒的迷惘，特別是五年前、甚至失去蹤跡超過十年的尋人。想想看，如果沒有臉書或是行事曆的提醒、不是具有代表性的大事，你能想到五年前或十年前做了什麼事嗎？應該很難吧。尋人也是如此。

【好用技巧】運用親和力、會聊天

我會用一些「小技巧」來進行初步了解：像是搭計程車，與當地的司機聊聊；到附近的小吃店吃點東西，聊聊天。計程車到處跑，有時可能獲得意想不到的資料；而有些在地的小吃攤一做十幾年，看遍周遭的變化，與他們聊聊，常能得到下一步的資訊。

因此，徵信社的成員是否有親和力、會聊天，常常是能否打探到消息的關鍵。

早期的徵信社是一堆刺龍刺鳳的流氓，讓人怕都怕死了，更別提好好聊天。時代在變，徵信社當然也要與時俱進。

【按捺急躁】轉個方向找

不過，尋人的困難點也在此。我也遇過上述方法完全不管用的時候，此時除了「換個方向」，別無他法。

這個階段通常是最焦躁，也最緊張的時期，可是根據經驗，接下來往往很容易鎖定正確的資訊。我通常會利用這個空檔與夥伴開會，集思廣益看看還有什麼辦法和門路，並且不斷地彼此鼓舞。

尋人究竟多困難

有人問：人失蹤了，第一時間應該要報警才對吧？難道警察靠不住嗎？

在第一時間報警一定是需要的，因為警察有其統計數據庫，能正當地搜查身分，也可以請鄰近地區的警察同仁協助。若是協尋走失的老人，成功率算非常高。

但如果是「自願性失蹤」，比如躲債的人、青少年與父母吵架而離家等，當事人躲著不想被找到，尋人困難度自然大幅上升。根據警政署的統計，這類自願性失蹤甚至占所有失蹤人口的一半以上，實在驚人。

還有人問：網路這麼方便，利用所謂的「肉搜」很快就能找到人，應該可以靠自己尋人，何必花大錢找徵信社？但通常這類的尋人往往是因為當事人引起公憤，或是像我曾幫單親媽媽找小孩，仰賴大眾的正義感，因此願意提供消息的人較多。一般的尋人不僅線索少，就算上網求助也容易被忽視，沒有想像中的那麼簡單。

尋人的案件由來五花八門，除了老人或幼兒走失、青少年無故失蹤，我曾經受委託尋找因大時代變化而流離失所的親人。也有人是為了討債，或要找到肇事逃逸者，就是徵信社出馬的時候。

我們並非從接到尋人案件的那一刻才開始蒐集資料，而是來自於平時的每一件委託、日常累積的人脈與情報、相關管道等。徵信社的情報網終究比一般想像的更廣，也正是由於平時的累積，才能在需要的時候事半功倍。

尋人，就是那麼難賺的「辛苦錢」。

跟監是一門技藝

「跟監」是徵信工作的日常，更可說是行走這一行必備的基礎技藝。

提到徵信社，神祕的尋人、宛如動作片的飛車追逐與甩脫不去的跟監……這些在現實中真的有機會上演嗎？

先不論那些誇張的橋段，其中，「跟監」是徵信工作的日常，更可說是行走這一行必備的基礎技藝，除了調查員要學習，業務在剛入職時也要了解。因為徵信社的重要業務「尋人查址」、「外遇捉姦」都與跟監息息相關，「跟監蒐證」更是主要委託之一。

有位業務夥伴某次因案件有緊急需求，跳過調查員，自己出門跟監。事後他告訴我：「原來跟監能注意到更多與目標有關的細節，這可能成為困難案件的突破口。」

沒錯，在跟監的同時仔細觀察目標，確實能挖出許多平時難以注意到的細節，而運用這些細節來突破困難、完成委託，更是跟監之外的美妙結果。

跟監的關鍵

想像中的跟監可能像電影《神隱任務》的主角傑克．李奇一樣，靠著個人出眾的能力，從早跟到晚，連對方早餐吃蘿蔔糕加蛋都查得一清二楚。

但在現實中，我們普遍不採用這樣的方式。徵信社主要是仰賴「器材」與「盯梢」。有沒有技術高竿的調查員？一定有。但這畢竟是生意，為了確實地完成任務以賺取報酬，多半還是會用最穩當的方式跟監。

跟蹤是動；盯梢是靜。動靜之間，考驗著調查員的真本事。

跟蹤，也就是大家最常見的私家偵探工作，但可不是兩手空空就出發，通常出發前要準備：「無線電」、「手機」、「充電器與行動電源」、「攝影機」、「相機」。應該都是很容易理解的工具。

現在手機聯絡那麼方便，還需要無線電嗎？其實，無線電在一些沒有網路的地方非常好用。而且以使用上的便利程度來講，也比打開手機進入 LINE 等即時通訊的介面

更快。很多老一輩的徵信業者還是習慣用無線電，足以見得無線電並沒有完全被淘汰。

日本的私家偵探有個特別規定：「出任務沒帶器材，嚴懲」，除了當天薪資全扣外，還會被記點。調查員出任務沒備妥器材簡直像武士出門沒帶刀一樣，非常嚴重呢。

跟監的手法

一、行蹤調查

這是最常見、也最符合一般對徵信社的想像，視情況進行徒步跟蹤、駕車跟蹤等。大部分是觀察配偶有沒有外遇，但也有少數案子是觀察目標有無趁上班時開小差（公務員瀆職調查）。日本近來有許多「孩子霸凌調查」案件，調查員須視情況融入環境，也是一門功夫。

二、定點盯梢

比如知道目標早上八點會到盯梢地點，負責人員大約七點就要先到場等候，並且先把周圍的環境摸清楚，像是有哪幾個出入口、有沒有保全、出入的人是否複雜等。

此外，還要事先確認現場是否方便停車、自己長時間待在那裡是否突兀。如果是比較高級的社區大樓，警衛通常會基於職責驅趕，因此也需要能夠隨機應變。

三、**事先入住**

根據非正式統計，這是最受調查員喜愛的跟監方式，通常出現在「出國調查」、「長距離蒐證」的委託案件中。

客戶的委託需求很簡單，就是「我想看我的配偶有沒有與異性同房」，所以調查員需要事先入住旅館，而且要特別指明住在目標房間的「隔壁」，等目標出門或回房。這通常是蒐集資料最好的方式。

「跟車」的風險

仰賴「器材」有助於降低任務失敗的機率，因此徵信社的日常ＳＯＰ是掌握目標所乘的交通工具，利用器材定位，可以大幅減少跟丟人的情況。

當然，還是會遇上令人緊張的情形，像是第一次跟車或是很突然的任務。尤其是跟車，特別仰賴調查員的駕車技術。

跟車真的很容易發生意外狀況。曾有個新人打包票說：「我的駕駛技術絕對沒問題。」結果才剛駛出停車格就撞到前車，我們只好緊急調度其他車輛支援。

不只新人會出狀況，老鳥也可能因疏忽而鬧出令人哭笑不得的意外事件。

某次，堪稱我們公司「天才級」的調查員突然來電，請公司緊急調派人手去跟監目標。收到支援請求，我盡快調派附近的車輛前去，但也很好奇平時甚少有狀況的他，這回是怎麼了。

原來他駕車跟監目標的車時，為了不讓目標起疑心，保持一段距離，卻遇上紅燈而卡在車陣中，只能眼睜睜地看著目標右轉。熟知當地環境的他決定冒險紅燈右轉（這絕對不是好行為，平時我們也勸調查員盡量低調，不要違反交通規則）。沒想到一轉過去，就被等在路旁的警察攔下。

這種被攔下來開單的情況，就算再怎麼快也要花上十來分鐘。為了避免失去目標的下落，因此他緊急向公司求救。

對於徵信社的跟監人員而言，「頻繁轉換交通工具」也是非常棘手的一種情況，比如目標從駕車轉騎腳踏車、再換乘捷運，絕對考驗著跟監人員的臨場反應。

幸好，這種「特例」相當稀少。

「徒步跟蹤」的技巧

公司的調查員夥伴曾經被跟監目標逮個正著，令他冷汗直流。

那是一件滿特別的委託，跟監對象是娛樂圈的人。或許是經常被狗仔跟蹤，目標很有警戒心，為此，我們調動了好幾組人馬輪番上場，減少被發現的可能。

就在某次跟監過程中，原本在前方的目標突然一個轉身，往調查員的方向走來。不過，看目標神色自若地邊走邊講電話，調查員為免打草驚蛇，也不動聲色地繼續往前走。

就在彼此錯身而過時，目標突然停下腳步，出手抓住調查員並大聲質問：「你是不是××報社的?!」但調查員畢竟訓練有素，被抓住的瞬間，腦袋高速運轉，隨即露出一副莫名其妙的表情，皺著眉問：「你是誰啊？」

好在他身上沒有明顯的相機設備，讓目標以為是自己誤會了。而這名調查員撤離了現場，改由其他同事接手跟監。

「徒步跟蹤要與目標相距三十公尺左右」，剛入行時曾聽前輩這麼傳授。但老實說，我覺得這個距離也太長了，還是要視當下的情況調整。

「轉角拉長距離，直線縮短距離」也是常見的鐵則。並且要小心，跟蹤的時間愈長，自己曝光的機會也愈大。

「直接超前」——當對方開始頻繁地回頭看，高手就會使上這招進階做法。

可能有人認為這招太大膽了。但誰會記得早上排隊買咖啡時，前面顧客的長相和穿著？大家多半會對後方的人有警覺，因此在不小心誤判距離時，大著膽子「直接超前」是不錯的方法。只是調查員一旦走到目標的前方，就很難繼續跟監，所以跟監的距離是關鍵。

這些技巧只是基本中的基本，實際的跟蹤情況千變萬化，目標、地形、場地、跟蹤方式及時間等，都會造成影響。

日本私家偵探有一說：「跟蹤要三年，盯梢要八年。」所以，長久時間與經驗的累積必不可免。

捉姦前，必須想過的四個問題

讓我來告訴你捉姦的「現實面」。

很多男女發現配偶有外遇，第一時間想到的往往是「捉姦」這個手段。可能是為了出口氣、要取回應得的賠償、想證明自己並不是錯的那方；有時候則是為了孩子、取得監護權，或是要給配偶或小三一個血淋淋的教訓……捉姦目的有許多種，端看當事人的處境和需要。

當你為了捉姦頭一回找上徵信社時，許多業者會告訴你：「這種情形一定要捉姦。對方太可惡了，我一定幫你到底！」「捉姦在床，不但可以讓他們得到教訓，還可以讓你向配偶和對方求償一大筆錢！」「到時候取得的證據就是籌碼，監護權那些都可

以拿到，就看你想怎麼談！」

但這些話只不過是畫大餅給你，讓你掏出錢來委託捉姦。事實絕對不是那麼美好。

倘若面臨摯愛出軌，婚姻真的就此走到盡頭了嗎？而「捉姦」真是最佳手段嗎？以我從業十數年的經驗，建議面臨婚姻問題的朋友們：

關於「捉姦」，你得再想想。

在此，我就直接告訴你捉姦的「現實面」。

要捉姦之前，請你好好地審視自己的內心，最重要的是確實衡量自己的能力，尤其是自身的主、客觀條件。

請你先問問自己這四個問題——

問題一：「我真的打算放棄這段婚姻了嗎？」

如果這個問題讓你猶疑，那麼你應該先嘗試了解別的方法，而未必是捉姦這條路。

大部分的徵信業者會跟你說：「這也是挽回對方的一種手段。捉姦以後，你還是可以選擇原諒配偶，這未必等於婚姻的終結。」

但真相是什麼？捉姦絕對不是輕而易舉的事情，而且一旦選擇就沒有回頭路。

以我經手案件的經驗來看，有六成以上的夫妻會在捉姦過後，「立刻」離婚。剩下的四成也不好過，因為兩人之間的相處會出現問題。愧疚、憤恨、懷疑、屈辱、怨懟、不平……這些情緒會像一顆球，在彼此之間來回拋擲。負面情感愈滾愈大、愈積愈重，捉姦在床的情景在雙方的眼底反覆播映，令人痛苦。痛苦的瘡疤不是那麼容易撫平，乃至於治癒的。

這些後續問題，你以為徵信社會幫你處理嗎？事實是，他們收了錢就不可能再管這些事了。

悔恨的記憶、複雜的問題，當事人全都得自己面對。

問題二：「配偶的心是否真的無法挽回？」

發現配偶出軌，不妨先暗地裡了解他／她與外遇對象的相處情況，以及配偶的實際心理狀態。

蒐集了資訊後，進而判斷：配偶只是玩玩，還是已經暈船？對方是否打算糾纏，或只是貪圖錢財？

《孫子兵法》的「知彼知己，百戰不殆」這句話，在外遇問題中更是恆定的圭臬。對於整個情形做出通盤了解，才有辦法對症下藥。

一夜夫妻百日恩，一路走來的日子想必歷歷在目，遇上了這種事情，心中鬱結更容易由愛轉恨。但一段感情會走向岔路，雙方都有責任。

無論是否要放棄這段婚姻，都請先好好問自己：我真的要這麼做嗎？捉姦後，確定不會徒留後悔嗎？

若仔細思量後，發現自己只是想要讓配偶回頭，「挽回」這段婚姻，其實有許多其他選項。請謹記，捉姦絕對不是唯一的方法。

問題三：「我有辦法照顧到孩子的權益嗎？」

無論接下來打算怎麼處理這段婚姻關係，有一點請務必注意：孩子是無辜的，別把上一代的過錯牽連到小孩。

捉姦後，不管面臨的結果是分居或者離婚，對於小孩往後的教育、自己是否有扶養能力等後續問題，你是否都想清楚了？

比如，單親扶養小孩是很辛苦的，你真的做好準備了嗎？

倘若你沒有打算要監護權，那麼面對小孩未來在對方家庭的教養問題，你是否真的能夠安心呢？

最後，你有想過孩子的心情、孩子的看法嗎？

問題四：「我的經濟狀況允許嗎？」

別輕易相信徵信社畫的大餅。業者可能向你「保證」一定可以求償、獲得一大筆錢等等，但這是騙你的。

捉姦未必真的能得到賠償。

過去《刑法》二百三十九條的「通姦罪」仍存在時，捉姦成功並移送警局後，或許真的可以透過專業談判人員，以心理優勢與對方進行談判，並投出撤銷通姦罪或維持穩定作為籌碼，來要求賠償與和解。

但如今通姦罪已廢，取而代之的，是只能採取《民法》一百九十五條侵害配偶權的「損害賠償請求權」。

這導致什麼影響呢？

首先，因不具刑事效力，無論是元配或者徵信社，都再也無法請警方到場，這大大增加捉姦時的蒐證難度，更可能會因違法蒐證而需擔負刑事責任（若委託徵信社蒐證，責任自然由業者承擔）。

再來，侵害配偶權的構成基準大大放寬，比如牽手、擁抱都會構成要件，然而得以求償的金額也跟著拉低許多。

也就是說，若非為了向法院請求離婚（《民法》一千零五十二條第一項第二款：「夫妻之一方，有下列情形之一者，他方得向法院請求離婚：與配偶以外之人合意性交。」），捉姦這個行為的必要性已經不比從前，因為在蒐證時所花費的財力和心力，可能遠遠不及最後獲賠的金額。

一般來說，捉姦的費用在十五至八十萬元之間不等。

若價格太低就有問題，因為捉姦所需耗費的人力、物力與時間相當驚人，並不是到現場敲敲門就好，並且每個捉姦現場所要克服的風險與關卡都不同。

幾年前有位婦人發現丈夫外遇，找某家號稱女性辦案的同業捉姦。她是家庭主婦，沒有工作，也沒有錢，業者便利用同為女性的心理攻勢，義氣相挺地表示「一定幫你到底」，結果就是要她去貸款。前前後後讓她借了五十幾萬後，繼續以各種名目要她借錢，但她已經沒辦法向銀行借，便慫恿她借高利貸。最後姦沒捉成，錢也還不出來，而徵信社是不可能幫忙還錢的。像這樣的案例並不少見。

如果問了自己這四個問題之後，你開始感到疑慮，就請先想想有沒有其他的辦法。若對於這四個問題確實都仔細考慮過，想法仍堅定，那麼請謹慎尋找有經驗、有信譽的徵信社。負責承辦的業務與你是否有默契、是否合拍也很重要，因為他將陪你走一段不算短的過程。

說到底，捉姦是一種保護自己的手段，讓自己在婚姻的終點前，妥善處理家庭、自我與這段關係。

有次協助客戶捉姦的經歷，我印象深刻。

那是在客戶的家中捉姦，我們開門進入的瞬間，客戶的丈夫與對象仍在忘情之中，發現有人進門才驚慌失措地滾落在地。

從客戶與丈夫的對話中，我難以置信地聽見丈夫竟以某件私事威脅她不准報警。

「你在恐嚇我們嗎？」我冷冷地問。

「我沒有恐嚇，只是陳述事實。」客戶的丈夫說。

「反正我已經傷透了心，一切都不重要了。」原以為客戶會受影響，她卻只是如此回應，很顯然已心灰意冷。

丈夫沉默許久，搬出最後一張牌：「不要這樣，還有孩子，不要這樣做。我們好聚好散。」

「為了孩子，我忍了多久？你卻冰冷無情。拿小孩勒索我？好聚好散？你自己看著辦。」

自始至終，客戶沒有發怒，也沒有哭泣，就只是淡淡地回應丈夫。顯然對於這段婚姻與丈夫的心，她早明白永遠不可能挽回，若非為了給孩子一個尚且完整的家庭，她不會隱忍這麼漫長的時間，無數個夜晚輾轉難眠。但丈夫愈來愈過分，竟然將女人帶回家裡。

也許是悲傷到極致，她終於得以抽離出來，在思量過所有癥結後，認為這已不是適合孩子待的家庭，最後毅然決然地選擇捉姦這條路。

或許現代是個太過湍急的社會，人人活在這巨大洪流裡，面對不斷變化的世界，一顆心愈來愈難以持定。在道德標準不斷躁動、不斷降低的社會，唯獨法律成了最後底線。過去「通姦罪」仍在，即使心變了，在跨過良知之前，還是難免會思量一下自己擔不擔得起這罪刑。

二〇二〇年通姦除罪化之後，外遇僅需擔負民事責任。雖然此後，判斷配偶權受侵害的基準降低，不需再蒐集所謂合意性交的證據，一個擁抱、一個接吻就足以當作訴訟的基礎，但難免使得外遇者更加肆無忌憚，因為要賠償的金額變少——幾十萬就可以解決的事情，有什麼好怕的？這是司法不夠成熟與價值觀不斷改變，交織而成的詭譎現況。

如今要捉姦，重點大多不在現實的考量，而或許更是基於感性的理由，有時是一種道別，有時是一種報復。我不禁思考，那還有捉姦的必要嗎？

婚姻問題從來就不是單方面的事。我想，唯有坦誠地溝通，找到對彼此最舒服、最適切的相處方式，才是恆常幸福之道。

小心徵信社詐騙

從挑選徵信社、簽約到付款，都必須冷靜和謹慎。

如果你有朋友要找徵信社，請把這一篇分享給朋友看。不過，雖然使壞的不少，但還是有好的徵信社從業人員。

徵信社詐騙的情況不少，然而許多徵信社的負面新聞卻如曇花一現，很快就看不到了。為什麼？因為都被壓了下去。

當徵信社收到客戶的網路負評，由於手握委託資料，便會直接聯絡對方，要求對方消去負評；一旦有部落客轉貼這些負面新聞，業者也能查到他的資料，要求對方刪掉。

一般的民眾哪敢去對抗，自然是乖乖地配合。就算是記者報導，徵信社業者也會以案件在訴訟程序中或已經達成和解為由，要求下架。

而在此之後，這些徵信社可以花更多錢砸廣告，讓客戶以為他們信譽卓著。

每每聽到這樣的事例都很讓人難過。並不是我多有正義感，而是很希望這個行業不再令人聞之色變，並且有機會吸引到有能力的夥伴，進而挺起胸膛走出去。所以寫下這一篇，希望有助於減少詐騙，進而能提升好的業界風氣。

徵信社詐騙的手法

一、合成照片

以外遇調查為例，在知道調查目標的車型後，找輛型號、顏色完全一樣的車子，拍攝進出汽車旅館或某社區的畫面，並變造為目標的車牌號碼。讓客戶抓狂後，進而要求客戶進行下階段的捉姦、教訓或感情破壞。

二、假問路，真搭訕

同樣是外遇調查的情況，找個與調查目標年紀差不多的異性，或是客戶懷疑對象差不多的異性，假借任何名義去搭訕目標，故意造成「這名異性就是外遇對象」的假象。偶爾還真的遇上目標對其表示好感，那麼戲就可以演得更像！反正「神」也是徵信社，「鬼」也是徵信社，客戶只能被耍得團團轉。

三、給假資料

假設客戶想要查資料，比如查帳單的地址，惡質徵信社會故意給一個管理森嚴、外人根本進不去的大樓地址，讓客戶無從查證。更惡劣的則假借查資料一事被檢調單位盯上，要求客戶付「封口費」來換平安。

四、打假人

這一點也不誇張。有的徵信社會慫恿客戶教訓目標，比如伴侶的外遇對象。怎麼教訓呢？有時是告訴目標實情，要求目標配合演戲。這至少有打到人。最沒良心的是直接找個燈光黯淡的地方，找個身形相似的「演員」扮成是目標，配合挨打。

五、捉姦「演習」

有的徵信社會故意製造「這天要捉姦」的假象，而基於「避免曝光」，請客戶只能待在車上、不能打電話。業務人員煞有介事地忙碌，並且先收了捉姦的尾款，接著卻說對方「今天一下子就從汽車旅館出來」，只能下次再捉——這筆尾款等於白付了。而真的有下次嗎？如果客戶付更多錢，就有下次了。

這個術語叫「演習」。

六、假裝被捉

譬如為了捉姦，可能需要開鎖、裝針孔攝影機。這明明是徵信業者該小心的事情，卻故意裝作在裝設時被捉走，要求客戶付錢擺平，不然要把客戶抖出來……類似的手法屢見不鮮。

七、債務處理

若是不知債務人的行蹤，先收尋人費用；幾天後，偽稱已尋獲人，正在處理債務；又過了幾天，告知債務已經處理好了，卻拿「芭樂票」（空頭支票）給客戶，並且要客戶先支付拆帳的金額。等最後跳票了，客戶找上門時，再說繼續幫忙處理……周而復始。

八、巧立名目，追加委託費

接了客戶的委任後，卻開始巧立各種名目以增加委託費。最後等客戶不堪再花錢或者付不起了，徵信社便將這件委託無法完成的責任推給客戶，案子不了了之。

若有人不服，找上警察局告「詐欺」，業者會很聰明地把情況轉化為「消費糾紛」，又能奈他何。

九、合約書上，不見公司名稱

許多大間徵信社的合約書上，連公司名稱都沒有。一旦出事便推說這份合約與公司無關，是業務私下去簽約的。

十、所謂的「申訴專線」或「××公會」

如果說有個圈子裡的人大部分是一丘之貉，這些「理念相同」的業者一起成立了「××協會」、「××公會」……你覺得受到他們的同業詐騙時，向其申訴有用嗎？

十一、結合神棍詐欺

有些徵信社會針對感情挽回、感情破壞的委託人，表示與泰國的某位法師、甚至某位天師很熟，可以安排對方去見面，結果卻是騙財、騙色。但事實上，感情挽回與感情破壞是不可能透過怪力亂神達成的。

公司曾經承接一件感情挽回的委託，委託人與未婚妻發生很嚴重的爭執而分手，一個月後，他感到懊悔，來請我們協助挽回未婚妻。為了解「前未婚妻」的近況，接下案件的第一天，我們先做行蹤跟監，調查員跟著她與一名男子進了戶政事務所，正疑惑時，竟看見兩人登記結婚！

從事徵信工作多年，從未遇過如此巧合又尷尬的情形，就算是法師也無力回天啊。

十二、汽車旅館詐欺

有些從業人員埋伏在汽車旅館門口，拍下進出的人並跟蹤。

這要做什麼用呢？

基本上，只要是開著好車、平日上班時間跑汽車旅館，大多是偷情。只要花點管道費去查對象的資料，就可以藉由威脅對方要把偷情證據交給配偶，獲取報酬。

十三、兩面洗

這個手法在過去常見，現在則較少發生。所謂「兩面洗」就是查到了資訊不只交給客戶，還同時以此找上被調查的目標，索取費用。

十四、拖

故意拖，用各種藉口拖，甚至避不見面，讓客戶被拖到受不了而自己要求結案。

（但在此得聲明，有些案件是真的急不得，需要時間。）

十五、其他

方法千千百百種，無非就是利用人性的「貪」與「怕」。例如：

●乾洗：

不做事，卻不斷暗示客戶要追加費用、給獎金、打點用的疏通費等，合約寫的與實際做的完全是兩碼子事。

真有人會被騙嗎？很遺憾，徵信社就是有辦法讓你相信。

比如接受委託尋人，一開始索價三萬元，之後卻表示，這個費用只查得到一部分資料；若想要進一步查到完整的資料，得再花二十萬。

你不疑有他而付了錢，事後卻發現業者其實早就完成任務，卻假裝經費不足，追加預算。你打電話去找業者申訴，對方往往回以「委託完成後，資料已銷毀」。

有的人沒想到委託時要簽約。結果在沒證據，也沒有契約的情況下，法律根本無法保障你。

●與律師事務所合作：

有的徵信社會向委託人推薦某律師事務所，「強烈建議」客戶委託律師，但其實明眼人都知道，有些案子根本告不成。

更何況，是否真有這家律師事務所也很難說，因為這類律師事務所的官網通常不會放上公司地址，就算有放也是連結到某徵信社的地址。這些「不知道是不是真律師」的事務所，一來專業能力不強，二來只會要客戶吐錢，一次就能賺進幾十萬律師費。他們也不管案子會不會贏——贏了，說是自己的功勞；輸了更好，再要求對方繼續委託律師，有時的確是需要的。但是找律師，要慎選。

徵信社詐騙的SOP

徵信社詐騙最大的問題根源是「制度」。

簡單地說，在許多同業公司裡，業務每個月若沒賺到一定程度的收入，就會欠公司錢，得簽本票或借據，還會遭百般羞辱。業務既不想欠公司錢、同時想賺錢，在市場競爭而案源有限的情況下，只能透過這樣的方式騙錢。

徵信社詐騙也有一套「標準作業流程」：

一、恐嚇客戶，看客戶是否知難而退。

二、找人安撫客戶，說說好聽話，看客戶是否繼續掏錢，或是息事寧人。

三、一旦客戶報警，就巧妙地轉為消費糾紛。

四、若需要上法院，公司會叫負責業務寫離職單，但離職日期寫的是接受委託「之前」，把一切都推給業務。

五、無法推給業務，就推給主管。

六、無法推給主管，就推給分公司。

七、無法推給分公司？沒有這種事情。

總之對公司來說，「一切都是該業務的個人行為」。不甘受騙的客戶直接殺到徵信社，公司會說「該業務已離職」；而業務的電話打不通、訊息不回……其實這些是徵信社的詐騙老招。

有的徵信社業務早就寫好離職單壓在主管那裡，但「日期欄」空白，一旦出事，在離職單寫上早一點的日期就沒錯。

曾聽過某家知名徵信社會對客人叫囂，威脅要叫警察。他們「有後台」早就不是新聞。

徵信社詐騙，怎麼防？

老實說，根本防不了。想想看，有個人掌握了你那麼多的資訊，假如有心要害你、騙你，能怎麼防？

所以從挑選、簽約到付款，都必須冷靜和謹慎。我的建議如下：

一、慎選徵信社：不是看起來規模大、廣告打得大的就好。

二、簽約時，務必多思考：簽約前，搞清楚自己簽約的對象與合約內容，並且確認合約上有沒有公司名稱。不管是在何處進行簽約，與業者簽完約後，打電話至該公司確認有沒有這個人並錄音（這很重要，以防對方事後抵賴）。

三、階段性委託辦案：人的壞心眼不會一開始就表現出來，但辦案過程有沒有「成果」，卻是可以看出來的。我認為最好的委託方式是「階段性委託辦案」：第一階段簽約時付多少錢（包括訂金多少、尾款多少，在合約上清楚寫明）；若成功，再看第二階段如何處理（注意：是針對「追加的內容」再另外簽約，並非在同一份契約裡追加金額）。這種合作方式，客戶心裡有底，徵信社的服務目標也很清楚，皆大歡喜。

關於「徵信社」的N個為什麼

不管遇到怎樣的問題，只要自己站得住腳，理直，氣就壯。但如果存著不肖的工作心態，夜路走多了，終會遇到鬼。

問：徵信社都在做什麼啊？

一般來說，徵信社的服務範圍包括常見的外遇蒐證、行蹤調查、妨害家庭蒐證、尋人查址、感情挽回、感情破壞、設計離婚、工商徵信、商業調查、反跟蹤、反調查、各式調查、偵防器材運用、法律諮詢、疑難雜症……

但我自己的定義是：當你遇到無法處理、找不到方法或不願親自處理的事情時，只要有合理的預算，哪怕是上月球，徵信社也能替你達成。

在某個程度上，一家正常的徵信社就像動漫《銀魂》中的「萬事屋」：你交錢，我們辦事；什麼都會做，也什麼都能做。我們替你解決問題，讓你安心，同時賺得相應的報酬。

問：徵信社合法嗎？

在國內，當鋪有〈當鋪業法〉、地政士有〈地政士法〉，但徵信社是一門沒有明確規範的灰色行業，既不是特許行業，也沒有徵信的相關專法，所以任何人都能申請開徵信社，不需要執照。因此開徵信社一點也不難。

但是要「經營得好」就非常不容易。

一個行業的競爭程度，可以從搜尋引擎的「關鍵字廣告計價」判斷，而國內唯一可與徵信社相比擬的只有醫美診所。

既然競爭那麼激烈，應該是百家爭鳴，那想要找徵信社，選擇應該很多嘍？

若單就政府登記的徵信社數量來看，確實有近千家公司（光是以「徵信」為名做商業登記的就有八百六十家）。但實際上沒有那麼多，因為常見一個老闆找了數十名人頭，成立多家不同徵信社，為的是一些可能騙了就要跑的案子，就用這些「免洗徵信社招牌」的合約去承接。

另一個做法是在同一個網站放上一堆徵信社的名號，讓客戶以為自己在一家一家地比價，事實上都是打到同一家公司，甚至是同一間辦公室。

還有不計其數的「徵信蟑螂」，他們是遊走於各家徵信社的「個體戶」，騙了客戶的錢就跑。

問：委託徵信社，會不會觸法？

這是個很重要的問題。徵信社就是要替客戶解決問題，當然不能替客戶製造問題。照理說，委託徵信社是不應該會觸法的，因為徵信社承接的案件，絕大多數的法律風險都是「可控」的。徵信從業人員應該熟稔法條與判例，知道如何不讓客戶涉險。

然而，很多徵信社員工並沒有法律的相關訓練，所以一旦出事，承接案子的業務可能連如何自保都不知道，又如何保護委託人呢？

擔心會觸法是好事，因為這可以讓你更謹慎地挑選徵信社。

問：徵信社捉一次姦，收費多少？

這個問題就像你走進一家有很多品項選擇的小吃店，一開口就問老闆：「我想吃飽，要多少錢？」老闆會想：這個客人連要吃什麼都還沒講，就直接問費用？

同樣地，假設確定有外遇要捉姦，但是捉民宅、捉車震和捉汽車旅館的風險與手續大不相同，費用自然也就不同。

就算同樣是捉民宅，透天厝捉姦、傳統公寓捉姦、有管理的大樓捉姦、指紋鎖的門內捉姦……每一件需要克服的點、風險與手續都不同，費用也都不同。

即使同樣是大樓捉姦，也會因為當事人交媾的頻率、警覺性、該處所住的人數及屬性、與保全的關係……而有所不同。

總之，依據現場環境、目標的習性和身分、客戶的訴求等，捉姦收費有各種不同的可能。

倘若徵信業者在沒有任何前置作業下，便先報給你一個明確的數目，那你反而該小心。因為如果沒有辦法好好計算執行的成本，又如何計算收費呢？

也有些不肖業者會低價引進客戶，接著以各種手段詐欺或不做事。所以若遇到開價過低的徵信公司，一定要小心。

問：哪一種案子，徵信社辦得比較多？

大部分的人都覺得捉姦（或泛指「外遇蒐證」）的案件比較多。的確，雖然細究比例，各家公司略有不同，但主要的獲利來源通常還是來自外遇蒐證，各家徵信社已經形塑一個完整的商業模式。

但像我們公司辦外遇蒐證的比例相對較少，另外會接一些別家不一定會辦或不一定有興趣的特殊案件，例如詐騙蒐證，利潤不多，但我們樂此不疲；又或者感情挽回、尋人的案件，委託相對較多。

但我希望台灣的徵信社可以走出去，不要局限在這不是很光鮮亮麗的服務項目下，才有機會扭轉大眾對徵信社的負面觀感。

問：徵信社是黑道嗎？

煙霧瀰漫，一群看起來無所事事的人坐在辦公室，而解決問題只有一招，就是把目標的車砸爛，甚至反過來恐嚇委託人——這是人們對徵信社的想像。

但是在現實裡，徵信社真的是黑道嗎？

確實有一些徵信社的人脈廣大，與當地大哥維持著良好關係。但許多徵信社連生存都很艱難了，沒有多餘經費花在這樣的人際應酬上。

此外，與黑道合作也不是百試百靈。徵信社找黑道幫忙，黑道當然也想從徵信社身上撈好處。再者，地下世界沒有法律保障，今天大家說好了，明天卻翻臉不認人也是可能的情況。所以，徵信社與「兄弟」並非一拍即合的完美搭檔，往往是有利可圖才暫時合作的鬆散關係。

也有人問：徵信社是不是與黑、白兩道的關係都要很好？

人脈、關係是需要長期經營及維繫的，較高層者如老闆或總經理，自然各擁一片天。畢竟徵信這行是處理人的問題，而人的問題必然複雜，所以有本事開徵信社，必然得維繫好各方的關係。而徵信社人員在經營人脈時，人情之間的互相欠與還，也考驗著主事者與高層的能力。

問：「徵信社」與「討債公司」的差別？

「徵信社」與「討債公司」的分界，以往相當模糊，常常是同一批人開的公司，而背景經常是「兄弟掛」。這一類討債公司的做事方式簡單、剛猛又粗暴，常以威逼與恐嚇逼迫對方就範。

但目前的討債公司愈來愈少，徵信社則設有債務討取部門。不過同樣是討債，兩者的作風差別頗大。

「討債公司」主要是把焦點落在「債務討取」的部分。「徵信社」則會善用專業尋人，常常是解決債權人「找不到債務人」的難題，接著才是債務協商、債務討取的功夫。加上部分徵信社是收到債務才抽成，對客戶比較有保障。

討債需要向民間單位求助，其實是一種悲哀，因為這顯示再多的信任與法規也無法讓對方乖乖還錢。如果說幫人討錢的徵信社、討債公司是黑道，那惡意欠錢不還的人，豈不是比黑道更等而下之？

問：在徵信社工作，會不會很危險？

徵信社調查員的工作確實有一定的風險。簡單地說，從事這一行就是以風險換取相對較高的報酬。

然而，「風險」與「冒險」不同。可控的危險，我稱之為「風險」；不可控的危險，叫做「冒險」。

從事徵信工作，有時是在法律的鋼索上求平衡。如何在界線內保護自己，又可以完美地為客戶完成案件，需要高明的風險管理技巧。

此外，徵信工作需要處理許多利益、情感或權力的衝突，有時即使再怎麼小心地拿捏，也很有可能「公親變事主」。

譬如外遇捉姦，在協調、談判的過程中，有可能招致對方懷恨在心，甚至曾有被捉姦的對象拿菜刀要砍人！又或是委託人直接拿我們蒐證的證據與對方攤牌，雙方和好後，反過來對付我們。

但是，不管遇到怎樣的問題，只要自己站得住腳，理直，氣就壯。

然而如果存著不肖的工作心態，夜路走多了，終會遇到鬼。

問：在徵信社工作，作息是不是很不正常？

是，非常、超級。

當然也可以朝九晚五地做，只是可能會錯過很多機會。

對於一個非常專注地做徵信工作的人來說，每天作息不固定、睡眠時間少，這是必然的，所以身體太差的人，可能很快就倒下。

徵信工作者必須學會好好掌握每個可以休息的時間。

問：怎樣的人適合從事徵信工作？

狹義的徵信社從業人員，包括「業務」與「調查員」。

總的來說，以我的經驗而言，徵信從業人員必備的天賦是「樂觀」與「轉念」。因為徵信社的工作，絕大部分都在處理人性最黑暗面的事情，除非本身就冷血，否則需要樂觀與轉念。

你必須理解這是一份「工作」。一旦接下了客戶的委託，就開始考驗著自己的職業信念是否夠堅定。有時，客戶的委託甚至可能挑戰了自己的道德底線；但是一旦接了，就應該做到底，因為這是承諾。除非客戶的委託是建立在欺騙上，所給的資訊有一定程度在誤導我們，那就另當別論。

另外，想做徵信工作的人一方面必須有原則，另一方面卻也要懂得變通。

沒原則，容易出狀況；太有原則而不懂得變通，會把時間浪費在不該去想的問題上。

業務

如果是擔任「業務」，除了口才的基本功以外，最好具備國、台語雙聲道，但最重要的是要有觸類旁通的本事，以及將心比心的體貼。

口才只要透過訓練，都可以達到。一個好業務並非是口才好，而要具備傾聽與引導的能力，能讓人願意對你訴說他的想法，並且覺得很想繼續跟你一講再講。

調查員

若是擔任「調查員」，細心、膽大和耐心是必備的。

細心有助於發掘細節，並規避不必要的危險。膽大有助於更穩定地突破案件的困難點。耐心則是讓你能乖乖地跟監，比如我最久曾經跟監一週，吃喝拉撒都在車上過。

身為徵信社調查員，常常必須在第一線面對風險。無論在這行做了多久，都仍然應該謹慎地面對每一個案件。輕率的行動會讓自己遭遇更多危險。

我是徵信社阿宅。今天我仍一如往常地坐在這裡，等候委託。

國家圖書館預行編目資料

宅爾摩斯的萬事屋/謝智博著. -- 初版. -- 臺北市：寶瓶文化事業股份有限公司, 2022.09
面； 公分. -- (Vision ; 233)
ISBN 978-986-406-315-4(平裝)
1.CST: 偵探 2.CST: 徵信機構 3.CST: 個案研究

548.68 111013470

Vision 233

宅爾摩斯的萬事屋

作者／謝智博

發行人／張寶琴
社長兼總編輯／朱亞君
副總編輯／張純玲
資深編輯／丁慧瑋 編輯／林婕伃
美術主編／林慧雯
校對／丁慧瑋・劉素芬・陳佩伶・謝智博
營銷部主任／林歆婕 業務專員／林裕翔 企劃專員／李祉萱
財務／莊玉萍
出版者／寶瓶文化事業股份有限公司
地址／台北市110信義區基隆路一段180號8樓
電話／(02)27494988 傳真／(02)27495072
郵政劃撥／19446403 寶瓶文化事業股份有限公司
印刷廠／世和印製企業有限公司
總經銷／大和書報圖書股份有限公司 電話／(02)89902588
地址／新北市新莊區五工五路2號 傳真／(02)22997900
E-mail／aquarius@udngroup.com

法律顧問／理律法律事務所陳長文律師、蔣大中律師
如有破損或裝訂錯誤，請寄回本公司更換
著作完成日期／二〇二二年七月
初版一刷日期／二〇二二年九月
初版二刷日期／二〇二二年九月二十七日

ISBN／978-986-406-315-4
定價／三五〇元

愛書人卡

感謝您熱心的為我們填寫，
對您的意見，我們會認真的加以參考，
希望寶瓶文化推出的每一本書，都能得到您的肯定與永遠的支持。

系列：Vision 233 **書名：宅爾摩斯的萬事屋**

1.姓名：＿＿＿＿＿＿＿＿ 性別：□男 □女

2.生日：＿＿＿年＿＿＿月＿＿＿日

3.教育程度：□大學以上 □大學 □專科 □高中、高職 □高中職以下

4.職業：＿＿＿＿＿＿＿＿

5.聯絡地址：＿＿＿＿＿＿＿＿＿＿＿＿＿＿＿＿

聯絡電話：＿＿＿＿＿＿＿＿ 手機：＿＿＿＿＿＿＿＿

6.E-mail信箱：＿＿＿＿＿＿＿＿＿＿＿＿

□同意 □不同意 免費獲得寶瓶文化叢書訊息

7.購買日期：＿＿ 年 ＿＿ 月 ＿＿日

8.您得知本書的管道：□報紙／雜誌 □電視／電台 □親友介紹 □逛書店 □網路 □傳單／海報 □廣告 □瓶中書電子報 □其他

9.您在哪裡買到本書：□書店，店名＿＿＿＿＿＿ □劃撥 □現場活動 □贈書 □網路購書，網站名稱：＿＿＿＿＿＿ □其他＿＿＿＿＿＿

10.對本書的建議：（請填代號 1.滿意 2.尚可 3.再改進，請提供意見）

內容：＿＿＿＿＿＿＿＿＿＿＿＿

封面：＿＿＿＿＿＿＿＿＿＿＿＿

編排：＿＿＿＿＿＿＿＿＿＿＿＿

其他：＿＿＿＿＿＿＿＿＿＿＿＿

綜合意見：＿＿＿＿＿＿＿＿＿＿＿＿＿＿＿＿＿＿＿＿

11.希望我們未來出版哪一類的書籍：＿＿＿＿＿＿＿＿＿＿＿＿

讓文字與書寫的聲音大鳴大放

寶瓶文化事業股份有限公司

（請沿此虛線剪下）

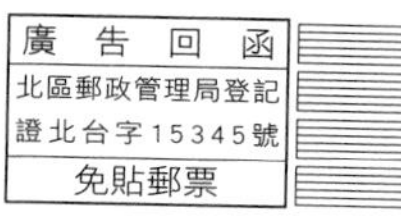

寶瓶文化事業股份有限公司 收
110台北市信義區基隆路一段180號8樓
8F,180 KEELUNG RD.,SEC.1,
TAIPEI.(110)TAIWAN R.O.C.

（請沿虛線對折後寄回，或傳真至02-27495072。謝謝）